祈りは人の半分

水谷周
鎌田東二

国書刊行会

祈りを唱える人でなく、祈りの人になりなさい。

——マザー・テレサ

願わくば、我に七難八苦を与えたまえ。

——山中鹿介《しかのすけ》

はじめに

　願いを持たない人はいないし、従って祈らない人はいない。その祈りがまとまれば、信仰そのものである。それは難しいどころか人間の変わらぬ日々の営みであり、意識するかどうかは別として、誰しも自然とそれを実行し、その果実を得ているものなのである。だから祈りも宗教信仰も、人の半分なのである。ただし祈りや信仰は下手をすると形骸化するし、仏作って魂入れずということにもなる。人はそれをいつも正しく実践し、常にそれを蘇生し、深化に努めなければならない。

　一方では時おりしも高齢化社会となり、老後の精神生活や終末の迎え方や看取りのあり方などといったかたちで、心の問題が取り上げられることが増えている。また自然の猛威に対する無力感から、祈る機会も増えている。いわば平時の祈りに加えて、有事の祈りが前面に出てきているといえる。こうして時代は物質文明とそれを推進してきた科学重視の合理主義から、それを脱却して心の時代とも称されるようになっている。ただしこれは、世界の潮流の一端でもある。

従来の祈りの文化を問い直し、その刷新と深化を図る必要が叫ばれているのは、いわば祈りの需要拡大に見合った供給拡大が進んでいない結果でもある。そこで多くの論者が議論し、多数の出版物が市場に溢れんばかりという現象が見られるのである。そしてその中に、本書が新たに参入するということになる。

本書ではまず信仰は人としての自然な営みであることを述べ、次に信仰心の蘇生のための諸側面を説明する。そして仏教、神道、キリスト教、イスラームを通じての祈りと巡礼における篤信《とくしん》振りを生の言葉と書籍より抽出した。またイスラームから見れば、日本はどのように映るのかについて論説し、最後に戦後社会という特殊な時代における格別な宗教信仰復興のあり方、特に宗教人の社会・政治参画の必要性を訴えている。そのような活動は宗教本来のものであり、それこそは真に具体的な祈りの深化となる。なお神道関係は鎌田東二が、それ以外は水谷周が執筆した。

以上を通じて、学理にとらわれず信仰の一層確かな把握とその堅持に焦点を絞った。その意味では多数の書籍の中でも、本書が一抹の固有の存在価値を発揮してくれればと願っている。宗教信仰はその抽象性と現世的表現を超越した実体を対象とする。だから分かったようで分かりにくいし、またすぐに崩れてしまうガラスの城である。砂の城かもしれない。しかしそれは人間が当然希求するものである、というところが味噌である。看過したり、失念したり、あるいは軽視できないのだ。まただからこそ永劫に大切にして、次世代に丁寧に受け継がれるべき宝であるとも言える。本書がそのような宝への扉を少しでも開く役目を果たすことができれば、著者の本望を果たしたこととなる。

共著者

目次

第一章　宗教信仰とは

自然な願いの気持ちが熟せば祈りとなるし、それがまとまれば信仰と呼ばれるようになる。宗教信仰は人間の自然な精神的産物であり、人である以上、その成り立ちの半分であるとの諸見解を一望しよう。

（一）日本の課題

宗教信仰とは何なのか？　初めに結論から入るとすれば、それは存在するあらゆる事物の関係のあり方を示す教えを真実として受け止めて、自らの言動をその教えに則《のっと》るようにすることである。短絡的に聞こえることを恐れずに言えば、神仏の教えを察知して、それを順守することである。そこには哲学的な要素もあれば、倫理道徳面の教えも多分に含まれる。しかし信仰の真髄はそういう教えを知識として受け止めるのではなく、自分の生きる糧《かて》であり心の支柱として、つまり血や肉として受け止めることにある[1]。

このような宗教信仰は現代では科学の発達で不要となり、破棄されたのも同然ではないのか？　そんな疑問が、特に日本の若い世代の人たちに自然と湧いて出るだろう。しかし世界の多くの国々を見渡してみると、そんな疑問がもたれることの方が稀《まれ》であることを、まず明言しておきたい。米国大統領も聖書に手を置いて、就任の宣誓をする。同国の貨幣には、「われわれは神を信じる」と明記されている。どうしてこのように日本は宗教から離れたのか？

日本では太平洋戦争以前は軍国主義に走り、その責任の一端は宗教にあったため、戦後はすっかりあらゆる宗教に対して警戒心と嫌悪感さえ持たれるようになった。「神仏には随分奉仕したのに、結局神も仏も何もしてくれなかったではないか」というのが、大半の国民の実感であった。そして宗教は公的教育において、政教分離の呼び掛けの下ですっかり影を潜めることとなった。それに伴い、人びとの意識からも影の薄い存在となってしまった。

しかしそれも戦後七〇年以上経過する中で、精神的支柱としての宗教は、本当は社会に必要なのではないかという反省の機運が生まれつつあるのが、今日現在の段階と言えよう。それとともに、宗教はさておき、まずは道徳教育だけはしっかりしなければいけないとして、ようやく学校の教科として復活させられた。それも教科書をどうするのか、道徳教育を受けたことのない教師が、何をどう教えられるのかといった原点に立ち戻る課題と取り組まねばならないのは事の自然である。

他方世界の多くの民族や人種を通じて、宗教を享受していないものはないと言っても過言ではないだろう。それは人類共通の営みであり、人間存在の不可分な半面と表現しうると見られる。以上のような簡潔な観察ではとても全貌を描けるものではないが、日本の置かれた極めて特殊な時代状況を垣間見るには十分だろう。

そこでこのような大きなハンディキャップを背負った中で、信仰の原論に当たる設問に光を当てるのが、本章の課題である。人はなぜ宗教信仰を求め、それはどのように確立されるのか、そしてそもそも信仰するとは何をどうすることなのであろうか。こういった疑問点を明らかにしようということである。

ところで宗教熱が盛んなイスラーム諸国では、このような初歩的な課題は生じないのかというと、実は全くそうではないのだ。彼らも人である以上迷うし、不安感や戸惑いの日々を過ごすことは、非イスラーム圏と大同小異なのである。但し日本と大きく異なるのは、こういった設問に真剣に耳を傾ける人は日本なら限られているかもしれないが、イスラーム諸国であればほぼ全員が耳目を傾けて清聴し、注目するだろうということだ。

（二）イスラームの場合

そこでこのイスラームの場合から始めることにしよう。人にとって信仰とは、不可分で不可欠な営みであるというのが、イスラームでは揺るぎない大前提である。

初めに見る事例は、人々に広く受け入れられているものとして、数年前にサウジアラビアで出されたごく普通の啓蒙雑誌である。

「（人は）一生を通じていつも自問し続けるだろう。自分の人生は、一体どういう筋書きなのか？　自分は誰か？　どこから来て、どこへ行くのか？　将来は？　存在している目的は何なのか？　どうせ最後は死んで、土となり無に帰するのなら、この世でこんなに息苦しくなるのは、何のためなのか？

ムスリムや啓示宗教の信者たちは考える。公正な創造者がいて、善行者が報奨を、そして悪者は懲罰を見出すようでなければ、人の生涯は無意味でまったく無駄なものであり、償《つぐな》われることのない苦痛であり、得るところもなく補償もない冒険のようなものだと。

生活苦や間違い、それに対して正しいことなど、さまざまな人生の矛盾と知恵をよく理解することは、英知にあふれて公正で、自らの判断を示される創造主を信じなければできないことである。主はこの人生に対して、誰しもその言動によって受けるべき裁きを設けられた。

その時に、我々の呼びかける正義、愛情、同情、誠実、忍耐、慈悲といった価値や概念への深い信仰が、精神と調和の取れた真実となる。

そして挑戦することでその意味が分かり、達成することに味わい深いものがあり、忍耐強くすることには甘美なものがある。
高貴なクルアーンはムスリムの格別無欠で清らかな書物であり、以上のことを示している。そこでアッラーは、理性と思慮の人々について言われた。
『そしてかれらは諸天と地の創造について想いを巡らせるのです。わたしたちの主よ、あなたは無目的にこれ（天地）を創ったのではないでしょう。あなたに栄光あれ。[2]』（三：一九一）」[3]
自問して将来を悩むところから、信仰を求めるという見解である。アッラーは人間を「無目的に」創造されたはずはないというところから、確信と安寧の生き方が開始されるのである。なおこれが一般的なイスラーム啓蒙書の書き振りであり人々に流布しているというのだから、少し驚きを覚えさせられる。読みやすさ本位ではなく、相当硬く高尚な表現になっている。それだけ一般読者の宗教分野におけるレベルが高いということにもなるのであろう。

もう一つ最近の事例として、高名なイスラーム指導者による信仰の源泉に関する説明の仕方を見ておこう。

「信者は存在全体の摂理（の一部としてその天分）に調和して、また自身に与えられた摂理とも戦いではなく平和と協調の関係をもって生活するが、その摂理はアッラーが賦与されたものである。そしてそのような摂理に導かれるからこそ、信者は静穏を見出すのである。

ところが人間の与えられた天分には空白部分があるのだ。それは科学や教養や哲学で埋めることはできず、それができるのは至高なるアッラーへの信仰だけなのである。人間の天分としては、アッラーを見出し、それを信奉して、それに向かわない限りは、緊張、空腹感、そして喉の渇きから逃れることはできないのだ。

またそうしてこそ疲れは癒され、渇きは潤うることとなり、恐怖から逃れて、迷いから導かれ、失敗から安定へと向かい、不安から安寧へと移行するのだ。」

「人の心の奥深くには、隠れた声が叫んでいる。不安をかき消して、精神を落ち着かせてくれるような回答の待たれる、差し迫って来る疑問に満ちている。その疑問とは、世界は一体何なのか、そして人間とは何なのか？それら両者はどこから来たのか、そして誰が創り、差配しているのかということである。その目的や始めと終わりは、どうなるのか？生、死、死後の世界、この移ろいやすい生活の後に何があるというのか？　それらは、永久とはどう関係するのか？

これらの疑問に人は創られた日から襲われて、そしてその幕を閉じるのである。結局それらに明確な回答を与えるのは、宗教信仰においてのみなのである。信仰こそは、大きな存在のもつれを解き、それらの疑問に答えられる唯一の根拠なのである。そしてようやく、人の天分は喜悦し、胸をなでおろすこととなるのだ。」[4]

人の天分には空白部分が初めからあるが、それを迷いや不安から逃れるために、何とか埋めようとするという。こうして人は、天賦《てんぷ》の能力に基づいて現実以外を求めることとなり、そこに信頼すべき価値体系としての宗教信仰を必要とする必然性があるということになりそうだ。つまり人間が存在し生息することと信仰とは、本源的に不可分の一体であるというのだ。

（三）仏教の場合

以上でイスラームの最近の説明振りは、相当明らかになった。しかしここで日本になじみ深い仏教学の碩学《せきがく》である、鈴木大拙の所説をみておきたい。その見解はあまりにイスラームのそれに酷似しているのである。人はなぜ宗教を必要とするのか、その意味で信仰とは何かについて次のように巧みに述べている。以下の引用は読みやすくするために、現代文に本書著者が書き改めたものである。

「人が生きるということは、悩みに満ちた営みである。言い換えれば、存在すること自体が悩みなのである。その理由は、人は今の自分以外を求める能力が授けられているからである。それは理想かもしれないし、幻想と呼ばれるものかもしれない。いずれも現実とは異なる姿である。

もっと有名になりたい、豊かになりたい、美しくなりたい、勉学に秀でたいなどなど、人の願望あるいは欲望は尽きない。ところが他方では、それらはその時点では非現実であるから、現実との間に自然と差異があり、それが対立や矛盾ともなる。この矛盾が悩みの原因となる。

そこで人は必然的に悩む存在である。それを称して、人は試練を受けるともいえるし、あるいは人には業《ごう》があるとも言いうる。その試練は他者や周囲の環境との関係であるかもしれないし、あるいは自分自身の活動範囲に限られたものかもしれない。

この絶えることのない深い悩みは、個別の解決策で対処するのは不可能である。なぜならば、この種の悩みは限りないからである。一つが済めば、次が出てくることとなる。だからそれは人の業なのである。

この本源的な悩みに対する解決策は一つしかない。それは矛盾自体を包摂しつつ、全体を受け入れる理解と信念を確立することにある。それは宗教により異なる表現がなされている。悟りを開く、救済される、あるいは安心立命を得るともいえる。無や空を覚知するともいえる。

具象的な説明としては、樹木は静かになろうとするが風やまず、そこで樹木も風も合せ受け入れるといった描写が飲み込みを少しは容易にするかもしれない。こうして人が宗教を必要とする理由は明らかである。誰であれ万人がそれを求める権利と能力が与えられているのである。そのように人は創られているのである。」

ここでいう「今の自分以外を求める能力」という論法は、すでにイスラームの啓蒙書に見た「自問し続け」将来を悩むことから信仰を求めるという見解、さらにはイスラーム学識者の論考にいう、「人間の与えられた天分には空白部分」がありそれを人は埋めようとするとの説明と、異口同音と言えそうである。

このように人は信仰あってのものだという見解が、期せずして広く共有されていると言えよう。そして何よりも、宗教信仰を十全に享受しないような文化や文明は、古来の歴史を通じて見出されないという現実こそは、確かな補強材料であり、大きな証左となっているといえよう。[6]

(四) キリスト教の場合

キリスト教では回心の場面が、教えを激しく求める姿として語られることが多い。宗教的な覚醒ともいえるが、以下では二つの例の概略を見てみよう。初めには、日本のキリスト教者として先駆的な内村鑑三(一八六一年—一九三〇年)の自伝である。[7]

彼は元来、日本における神々が矛盾含みな諸要求を出すことに納得行かず、戸惑いと不満を持っていた。しかしそれは通い始めた札幌農学校の先輩たちによって、半強制的にキリスト教入信の誓約書に署名させられることで、一気に終わることとなった。

「神々が多種多様なことはしばしば甲の神の要求と乙の神の要求との

矛盾をもたらした、そして悲愴なのは甲の神をも乙の神をも満足させなければならないときの良心的な者の苦境であった。かように多数の満足させ宥《なだ》むべき神々があって、余は自然に気むずかしい物おじする子供であった。」

「契約に署名するよう余に強制した。どこか極端な禁酒論者が手に負えない酔っぱらいを説き伏せて禁酒誓約に署名させるやり方であった。余はついに屈服した。そしてそれに署名した。余はかような強制に屈服せずに踏みとどまるべきであったかどうか、しばしば自問自答する。余はわずか一六歳の一少年に過ぎなかった。」

しかしその後は長年にわたる米国での活動も経て、キリスト信徒としての本髄を会得することとなった。

「この人生はわれわれが如何にして天国に入るかを教えられる学校なり。この人生の最大の成功は、それゆえ、『貴重なる永遠的なる教訓』

を学ぶにあり。」

「神の子（イエス）の贖《あがな》いの恩恵による罪からの救いである。それはこれ（余の小さな魂の救い）以上であるかも知れぬ、しかしこれ以下であることはできない。これが、それならば、基督教の真髄である。そして法王、監督、牧師、その他の有用無用の付随物はそれの欠くべからざる部分ではない。そういうものとして、それは他の何物にもまさって有つ価値がある。いかなる真実の人もそれなしにやってゆくことはできない。そして平安はそれなしに彼のものであることはできない。」

罪からの救いということが回心の大きな動機となったのは、日本に到来したイエズス会宣教師イグナチオ・デ・ロヨラ（一四九一年—一五五六年）も同様であった。彼はその巡礼期の中で、世俗感覚と信仰生活の二股をふらついていた日々の様子も述べた後に、後者の信仰者としての姿勢を固めるに至ったとしている。[8]

「世俗的な事柄を夢中で考え続けている間は大きな快楽を味わったが、その考えに飽きて止めてしまうと、うらぶれた、空しさに満たされた。ところが、裸足でエルサレムに行き、野菜以外何も食べず、聖人たちがなしたことよりも、よりいっそう苛酷な苦行をなそうという想いに留まっている間、慰めを覚えるだけでなく、その考えを止めた後でさえも、心が満たされ、快活であり続けた。」

「過去の生活のために償《つぐな》いの苦行をすることがどんなに必要であるかを考えた。そこで、聖人たちに見倣いたいという熱望が沸き起こったが、具体的な事柄を考えないで、聖人たちがなしたように、自分もうそうしようと、神の恩寵によって約束するだけであった。しかし、全快したらすぐに何よりも為そうと熱望したことは、前に述べたように、エルサレム巡礼であった。巡礼中、神の愛に燃え、寛大な勇気で実行したいと熱望するままに、より多くの鞭打ちや断食を自分もしようと決心した。」

こうしてロヨラは世俗の騎士からキリストの騎士へと成長し、一六二二年には法王によって列聖されるまでに至った。

（五）神道の場合

神道は畏怖の宗教である。「かみ」と呼ばれる存在に対する畏れと慎み、その感情と行為が神道の根幹にある。それが日々の日拝の祝詞《のりと》の中の「かけまくも畏き」とか「かしこみかしこみも申す」という冒頭と末尾の定型章句となっている。

その畏怖の感覚を支える「かみ」について、本居宣長は、「さて凡《およ》そ迦微《かみ》とは、古の御典等《ふみども》に見えたる天地の諸《もろもろ》の神たちを始めて、其を祀《まつ》れる社に坐す御霊《ミタマ》をも申し、又人はさらにも云《い》はず、鳥獣木草のたぐひ海山など、其のほか何にまれ、尋常《よのつね》ならずすぐれたる徳《こと》のありて、かしこき物を迦微とは云なり。すぐれたるとは、尊きこと善きこと、功《いさお》しきことなどの、優れたるのみを云に非《あら》ず、悪きも奇しきものなども、よにすぐれてかしこきをば、神と云なり。」（『古事記伝』三之巻）と述べている。

この本居宣長の神についての言及は、よく引き合いに出され、日本の「かみ」の規定として、もっとも多く引用される「かみ」の定義であろう。宣長はここで、①『古事記』や『日本書紀』などの古典に出てくる「天地の諸神たち（記紀神話では「天神《あまつかみ》・国神《くにつかみ》」とか「天神地祇《あまつかみくにつかみ》」と呼ばれ、表記される）、②神社に祀られている「みたま」、③人や鳥獣木草や海山などを含め特別に勝れた「こと（徳）」のある「かしこきもの」と、「かみ」の三領域とも三相ともいえるカテゴリーを示していて、わかりやすい。

日本の神道の核心は、「ちはやぶる神々」への畏怖の感情と感覚にある。その畏怖の感情と感覚に基づいて「恐れ畏み」の表現である祭祀を執り行うこと、これが神社となり神道祭祀となる。

その日本列島に祀られ崇められてきた「八百万の神々」を、①ちはやぶる・荒ぶる自然神、②自然神を鎮祭する使命を持つ威力ある人格神（伊邪那岐命《いざなぎのみこと》・伊邪那美命《いざなみのみこと》・天照大御神《あまてらすおおみかみ》・須佐之男命《すさのおのみこと》・天児屋命《あめのこやねのみこと》・天宇受売命《あめのうずめのみこと》・大《おお》国主神《くにぬしのかみ》などの人格的・人間的形態を持っているように表された神々）、③人間神（早良《さわら》親王や菅原道真や崇徳《すとく》上皇のような御霊神《ごりょうじん》、徳川家康のような英雄的武将神、さまざまな功績があった人々や祖先の神々など）と別の分け方をすることもできる。いずれにせよ、そうした畏怖の対象となる神々の群像の総称が、「八百万の神」という呼び名となっていき、『古事記』や『日本書紀』などの最古のテキストに記録されることになったのである。

それを身近な例で示すと、日本の「かみ（神）」という語は、パソコンのフォルダに喩《たと》えることができる。さまざまな情報や形態や状況（各個別ファイル）をその中に入れ込むことで関連するものをすべて包み込む「大風呂敷」、それが日本の「神フォルダ」である。そこで、古語では、「神」とは、イカヅチ（雷神）・カグツチ（火神）・ノヅチ（野神）・ククノチ（木神）・ミズチ（水神）などのチ系の神々のファイルや、ヤマツミ（山神）・ワダツミ（海神）・アヅミ（安曇・阿積）・ホヅミ（穂積）・ミミ（人名の最後に付けられることが多い）などのミ系の神々のファイルや、ムスヒ（産霊）・ナオヒ（直霊）・マガツヒ（禍霊）・オモヒカネ（思兼）などのヒ系の神々のファイルや、モノ（物・大物主神）、ヌシ（主・大国主神）、タマ（魂・大国魂神）、オニ（鬼・鬼神）、ミコト（命・尊・国常立神）など、実にたくさんの霊威・霊性を表現するファイル群を含み込む、日本人が抱いてきた畏怖の感情や感覚をもたらす力や現象を取り込んだ総合フォルダである。

こうして、日本列島の自然万物や森羅万象のはたらきの中に「かみ」の生成と顕現を見て取る感知力が最終的に「神」というフォルダ（大風呂敷）の中に織り込まれ束ねられることになったのである。

このように、神道は、第一に畏怖・畏敬の念に基づく天地自然の祭祀にある。第二にその祭祀が行われる特別の場所がやがて神社となって常設化されていく。つまり、「神」の顕現を感知し畏怖畏敬する場がさまざまな由緒と事情により神社化されていき、その周辺に住み着いた氏子崇敬者に尊崇されるようになる。その尊崇や祭祀を受けて、神々は氏子崇敬者を守護する。こうした守護―崇敬の関係構造がやがて一般に「産《うぶ》土様《すなさま》」とか「鎮守の森」と呼ばれるようになる。

神社と神道は何よりも「場」としてあり、そこに「道」「美」「祭」「技」「詩」が生まれ伝承されていく。そのような多層的な自然と文化的人工物との総合的多層性の集積場として神社はあり、そこに表現され伝承された総体の中に列島民に蓄積されてきた「生態智」が息づき根づいているのである。

「生態智（ecosophia, ecological wisdom）」とは、「自然に対する深く慎ましい畏怖・畏敬の念に基づく、暮らしの中での鋭敏な観察と経験によって練り上げられた、自然と人工との持続可能な創造的バランス維持システムの知恵と技法」である。このように、自然の「むすひ」の生成力を神々の大いなるはたらきとして畏怖畏敬する神道には自然との繊細な交歓に基づく生態智が充溢している。

仏教が悟りと慈悲の哲学宗教、儒教が仁と礼の倫理宗教、キリスト教が愛と赦しの救済宗教、イスラームが祈りと慈しみの献身宗教だとすれば、神道は畏怖と祭りと美の宗教であると位置づけることができるだろう。

（六）自然科学の立場

なお以上の三大宗教の見地とは相容れないが、日本ではむしろ自然に受け入れられる視点を、事態の明確化のためにここに概略しておこう。その第一点は、人間の起源はダーウィン以来の進化論に基づくということである。もちろんその後大変な研究の進展があり、遥かに詳細に情報は集められてきた。しかし突然変異により新種が生まれ、その中でも環境や活動条件に最適、最強な種が競争に勝って発展するという基本構造は変わらないままに維持されている。そのような人類がその想像力に基づいて、宗教を作ったと説明される。そして信仰も生存競争の一端として、より有利な帰属すべき集団を選択する手立てに他ならなかったとするのである。

他方では、飛躍的な脳科学や認知科学の進歩も特記される。その観点からの信仰の探求もされてはいるが、未だ特段の定説や支配的な学説は見出されていないようである。しかしそれも日進月歩であり、いずれ遠からず強力な見解が示される可能性は大きいと予測されている。[9]

この科学的なアプローチの事例として、身心変容の研究について特記しておきたい。

祈りにおける篤信振りと巡礼における信仰心の高揚振りなどの叙述は後でも見るが、その追体験は大いに宗教信仰の理解を深め、体感させてもくれる。しかしそれはどこまでいってもいわばアナログの世界であり、分析的でもない。これに飽き足らずとばかりに、これらの諸側面についての組織的な収集と研究が進められるようになった。それは「身心変容」として把握して、詳細にその実態を明らかにしつつある。その概要としては、以下の通りである。[10]

瞑想における脳科学などの研究がまず挙げられる。脳内メカニズム解明の試み、測定方法、瞑想の科学的な実践方法などである。次には、身心変容の技法が挙げられる。身心変容技法とは、身体と心の状態を当事者にとって望ましいと考えられる理想的な状態に切り替え変容・転換させる知と技法で、古来、宗教・芸術・芸能・武道・スポーツ・教育などの諸領域で様々な身心変容技法が編み出されてきた。たとえば、祈り・巡礼・祭り・元服・洗礼などの伝統的宗教儀礼や修行、さらにはスポーツのトレーニング、歌・合唱・舞踊などの芸術などがある。それら身心変容技法の多くは、師から弟子へと伝授され、追体験と吟味を重ねながら伝承されてきたとされる。また身心変容と心理療法、精神医学としての神経科学など、医療の分野も多方面な研究が進められている。

一九六〇年代には、禅の心理学研究が盛んになったこともあったことが想起される。右の身心変容の諸研究は、その発展形とも捉えられるが、いずれにしてもこのような精密な科学研究の成果が待たれる。そしてそれは、追体験を中心とした宗教信仰の理解を乗り越えて行くものになるのであろうか。あるいは、双方の補完的な関係が維持されるのであろうか。今後の進展に期待したい。

ところで以上のような自然科学的立場に対して、イスラームはあまりむきになっては対抗していない模様である。なぜならば結果は日を見るより明らかだからであろう。「突然変異」は誰がどのようにして定めているのか、そして全体の種の変遷を支配する規則や原理はあるのか、あるとすればそれは誰がどのようにして運営しているのか。あるいはそのような営みの目的は、どう説明し理解できるというのであろうか。こういう疑問に自然科学はまだほとんど回答の試みもしていないのである。

回答がないのにそれを支持するという立場は、それ自身が別立ての信念であり、それ自身が新たな疑似信仰、あるいは科学信仰に依拠しているということにもなる。全存在は偶然性に依拠しているという信仰になるが、科学者はもちろんそう主張しているわけではなく、その偶然性さえもいずれ解明されると仮定しつつ、その実現を未来の希望につなげて考えるのであろう。

ちなみにイスラームの立場はそのような二者対立ではなく、総合的包括的に把握するような図式を提示している。つまり現世的な理性を越えたところに宗教があり、その全体を統括するのが絶対主アッラーであるという図式に帰着するのである。この点、キリスト教を背景とする欧米の発想だと、神否定を旨として科学が発達してきたので、どうしても二者対立であり、二律背反の関係が前面に出て来ざるを得ない。

われわれは日本の学校教育を通じて、科学一神教を叩きこまれたような結果となっている。神を肯定しつつ「それでも地球は動く」と叫んだガリレオから始まり、デカルトが「われ思う、ゆえにわれあり」と言って近代理性の花が開き、やがてそれはニーチェの「神は死んだ」やマルクスの「宗教は社会のアヘンだ」との見解につながったとされる。しかしアインシュタインは「科学なき宗教は盲目であり、宗教なき科学は不具である。」と言い残した。さらにイギリスの宇宙物理学者ステーブン・ホーキング（一九四二年―二〇一六年）が、「創造や進化に関して、神は必要ない」と言ったとして不敬の非難が飛び交ったことがあった。その顚末は、結局「…証明されるなら、」という仮定の上での発言であったとして、ローマ法王と和解したことがあったのは、忘れられない。

（七）信仰と学問

まずは次の一節を引用したい。これは浄土宗の開祖である法然上人の『一枚起請文』という短い宣告文の、出だしの文章である。

「唐土《もろこし》我朝に、もろもろの智者達の、沙汰し申さるる観念の念にもあらず。また学問をして、念のこころを悟りて申す念仏にもあらず。（私が説く念仏は　中国や日本の多くの学者たちかお説きになっている心をこらして仏さまのお姿を見奉ろうとする観念の念仏ではありません。また学問をして念仏の意味を理解してとなえる念仏でもありません。）

ただ往生極楽のためには、南無阿弥陀仏と申して、うたがいなく往生するぞと思い取りて申す外には別の仔細候わず。（ただ極楽浄土に往生するためには　南無阿弥陀仏と声に出してとなえることによって必ず往生するのだと確信して念仏をとなえる以外　何も子細はありません。）[11]」

この一節はどの宗教にもある、信仰と関連諸学の関係という問題の本質をついていると思われるのである。その関係がどうして問題となるかといえば、法然上人の時代も同様であったのだが、特に現代は知識重視社会であるから、得てして学問優先の立場が前面に押し出されることからくる。

それに比べて信仰の方は、何か押され気味で部屋の片隅に押しやられた格好になる。現代日本では、それで自然だというように思う人も少なくないから、問題は根深い。

宗教が一つの学問体系ではないことは、言葉を多く必要としないはずだ。何故ならば宗教は信仰であり、信じる人の心は学問よりも以前であり、同時にそれを超えるものでもあるからだ。ここの事情を少々細かく書き込まないと、あまり説明したことにはならないだろう。

比喩を用いれば早くて明確だ。音楽や美術といった芸術にも、音楽理論や美学という学問体系が備わっている。さらには音楽史や美術史もある。しかし実際の芸術家はそれらの諸学問を体系的には学んでいないケースの方が多いと思われる。第一、諸学問が発達する前から、芸術は存在してきたのだ。

宗教も初めにありき、であって、その後から諸学が発達した。その理由はさまざまであるとしても、大なり小なり、宗教の教えをより詳細に、明晰に、整理かつ体系化されたものとして提示するためである。それにより信仰が深まり、整頓されるなどの効果も伴っている。

　イスラームに絞って見ると、ほぼ以上の議論はそのまま妥当する。つまり、最も単純な信条として、アッラーは唯一の神であり、ムハンマドは最後の預言者であると信じる以上、それ以外の諸問題は付随的な立場になる。ここで諸学とは、もちろん文献解釈学、法学、神学などである。

　神学は信仰を論じてはいるが、それは神学で信仰論が尽くされているということではない。信仰を持つ人に神学は有効だが、神学を学んでも信仰を得られる保証はない。両者は区別されるのである。さらには、この区別を前提に、現代社会ではもっと信仰の純粋性を重視すべきだと提唱するイスラーム研究者もいる。[12]

　なお言うまでもないが以上述べてきたことは、決して諸学を軽視すべきだということではない。適切なバランスが求められるのである。ここの趣旨は人間が生きることと不可分な深奥の心根の働きである信仰そのものをないがしろにし、現代社会の病魔である知識のみに市民権を認める学問至上主義にならないための警鐘なのである。またそれはイスラームが日本に本格的に上陸しようとしている今、まさしく胸に刻みたいことである。

（八）信仰の落とし穴——聖と俗

日本で宗教信仰を語るとき、あまりに広く深くはびこっている風土病のような問題がある。それは神との特殊な関係を設定して、それを俗ではない聖として認めるという風潮である。宗教だけではなく、ラーメンの聖地などといった日常的な表現が説得力を発揮しているのである。どんどん人間が聖地を定めていること自体が、聖観念を持たない宗教からすれば破天荒なことだということになる。

そこで当面の課題は、聖観念が安易に適用されてしまっているイスラーム関連の諸側面からそれを駆除しようということである。同時にそうすることで、日本的な宗教観念の魔力からそれなりに距離を置いて見る視座が得られれば幸いである。それは日本が一層広く世界を直視することを可能にしてくれるのである。[13]

ア．「聖」の諸事例とイスラームの原義

イスラーム関連で、日本語では聖の言葉が使用されるケースは少なくない。しかしそれらはいずれも精査されないままに慣用的に使用されているに過ぎない。

＊聖地

聖地を語るとすれば、直ちにイスラームには三つの都市が聖地であると説明される。それはマッカ、マディーナ、そしてエルサレムの三都市である。しかしそれらは大きくは前二都市と、最後に残る一都市に二分されねばならない。[14]

①禁忌のある土地（ハラム）

マッカとマディーナの二都市を聖地と称する場合のアラビア語は、ハラムである。そこでの子音である、HとRとMは一組の三語根を形成して、その意味は禁じるということである。つまりその地域には禁忌（禁止され忌避されたタブー）があるからである。

マッカとマディーナの両都市を合わせて、二聖地（ハラマーン）というハラムの双数形で呼称されることもしばしばである。サウジアラビア国王の正式な称号は、陛下ではなくて「二聖地の守護者」という肩書である。これら二都市を守るものであることに、いかに誇りと責務を感じているかという証でもある。

ハラム内における禁忌の内容は次のような項目になっている。一切の不信仰の行状はありえず、また一定の事柄（戦闘や人の殺傷、狩猟、樹木の伐採、落し物の無断拾得などが主な内容）がタブーとされる。巡礼に際しては右に幾つも追加され、巡礼衣を身につけなければいけない（ただし女性は全身を覆う普段着で可）ことから始まり、髪や爪を切ってはならない、結婚はしない、性的交渉を断つ、香水の禁止などがある。

②清浄で恵み多き土地（クドゥス）

次は第三の聖地とされるエルサレムに関して記す。まずアラビア語でエルサレムという都市名は、アルクドゥスである。クドゥスという単語を構成する子音である、QとDとSの三語根の原義は、清浄であり恵み多いという内容である。したがってそれは、ハラムの禁忌のあるという原義とは異なっているということになる。

アラブ征服後の初期はアルクドゥスよりは、バイトゥ・アルマクディスと呼ばれ、その意味は、「クドゥスの家」ということである。この呼称は現在でも用いられることがある。そしてそのバイトゥ・アルマクディスという用語は、ユダヤ神殿を指していたユダヤ語のベイトゥ・ハ・ミクダシュが語源であるとされる。その意味は、「聖なる家」ということである。但しユダヤ語名におけるミクダシュが原義として、どのような意味合いであったのかは不詳であるので、ここでは「聖なる」で止めることとする。

以上をまとめるとアラブ征服直後はユダヤ語の名称をアラビア語にしてバイトゥ・アルマクディスとしてエルサレムを呼んでいたということになり、その後はそのアラビア語名の短い形として現在用いられるアルクドゥスという名称が登場したということになる。ということは、現在の名称であるアルクドゥスはそもそもイスラームを背景として登場したのではないということになる。

なおエルサレムは預言者ムハンマドが「夜の旅」により一晩でマッカから飛んできて、そこから天国に招かれたという特別の街であることは変わりないので、やはりマッカやマディーナと並んで、三大特別都市の一つに挙げられるのである。

＊聖クルアーン

クルアーンにはアラビア語では通常それを修飾する形容詞としては、カリームが使用される。したがって、アルクルアーン・アルカリームとなる。カリームの意味は、寛大なということで、本来はアッラーの美称としての九九の呼称の一つでもある。またそれは、高貴なという意味でもあり、一般に同種の仲間で最良の資質を持つものを指すとされる。つまりカリームな言葉といえば優しく柔軟な言葉であり、カリームな恵みといえば多くの恵みであるし、カリームな石といえば価値の高い貴重な宝石ということになる。

そこでアルクルアーン・アルカリームであるが、クルアーンがカリームとはどう理解されるのか。そしてその日本語訳として、「聖クルアーン」でよいのかという設問が出てくる。クルアーンが高貴であり、最良の言葉であり、崇高な内容であることは疑問ないとして、それらの特質はすべてクルアーンが啓示の書であることに依拠している。

そこでいわば直訳的にクルアーンの原義は読み物ということだから「最良の読み物」とはしないで、「聖クルアーン」とすることで原語の意図していないことを表すということになる。クルアーンを聖視して崇める人など、どこにもいないのである。それは啓典であるが、聖典ではない。

＊聖者

イスラームの教義上、聖者は存在せず、クルアーンにも何ら言及はされていない。人間は聖も俗もなくて、全員平等に創られているからである。中世以来イスラームを逸脱した考えを排斥するとして、一八世紀にアラビア半島でワッハービズムが興ったが、そのときに最も非難された習俗は聖者崇拝とその墓参であり、もう一つは種々の非イスラーム的な諸儀礼を持ち込んでいたスーフィズムであった。

ちなみにイスラームでは聖職者も存在しないことは知られているが、それは人々の間に聖俗の区別も設けないことの重要な側面でもある。そして全員が信徒であることで平等であり、聖視すべき種別の人はいないということである。

イ・世界は二大宗教？

聖概念を認めるかどうかで宗教を分類するとなれば、世界には二大宗教があるということになる。イスラームの場合、聖を認めることはない。なぜならば、絶対主と被創造物の間に仲介者を認めてそれに神性を認めることはすなわち、絶対主と類似したものを認めて並置（シルク）することとなるからである。それは一神教の真骨頂をないがしろにするものとして、イスラームでは最も厳格に取り締まってきた。神学上も大きな分野の一つになっている。宇宙万物すべてがアッラーの働きであり、その結果であることを再認識すれば、自ずと特定のものが神聖であるという形容は必要なくなるであろう。

（九）信仰の功徳

宗教信仰とは何かを一巡見て来たが、最後にその効用、あるいは功徳《くどく》について改めてまとめておきたい。信仰の源泉は人間存在の根本に立ち返る、存在への疑念であったが、信仰の功徳としてはその裏返しになる。つまり疑念が解消されて安寧の心、あるいは悟り、あるいは安心大悟が得られるということになる。それを救済といってもいいし、涅槃といってもよいだろう。用語は多様であっても、非常に類似した心境の達成に信仰の終着駅があるというのも、人間は多様に見えても同類項である明確な証左にもなるだろう。

自然な信仰心を尊ぶということは、裏から言えば学問は重要であるが、それより大切なのは至誠を尽くした純粋な信心そのものであるという感覚があるということになる。次のようなイスラームの逸話が伝えられているので、紹介しておこう。

著名な学者のファフル・アルディーン・アルラーズィー(一二一〇年没)がある日、街の通りを多くの弟子に囲まれて歩いていた時のこと、一人の老婆が反対方向からやって来た。そこで弟子たちはその老婆に、「このお方は他の誰でもない、一〇〇〇と一のアッラー存在の証を知っておられるアルラーズィー様だぞ、道を開けろ」と告げた。そうするとその老婆は、「一〇〇〇と一の疑いを持っていなければ、一〇〇〇と一の証は必要ないはずだ。」と返した。それを聞いたアルラーズィーは頷いて言った。「アッラーよ、真の信仰とはこの老婆の信仰です。」と。

イスラーム信仰の心根は、和やかさであると言えよう。巡礼の際の一大行事にカアバ殿の周りを七回めぐる儀礼（タワーフ）があるが、あの混雑と大渋滞の中で全行程を全うできた暁の感覚は、その人のこころを赤子のそれに戻すものがあるとされる。つまり再び純粋さを取り戻せるというのである。そのために時間をさかのぼるという意味で、時計とは逆の左回りになっているともされる。

こうして信仰は自然であると同時に、それは激しく希求されるものでもあると言わなければならない。信心を得た人の姿は、至らぬ自分を反省し悔悟するものである。だがそれは諦めるといった沈んだ気持ちではなく、新たな活力の誕生なのである。心は晴れて、自分の所在は白日の下で赤裸々に明らかとなっているのである。それ以上でもそれ以下でもない。日々是好日であり、迷いや憂いが霧散して一段の高みに立っているので、生また楽しからんということになる。

篤信の気力は信者の口から出る言葉ではなく、体全体のオーラに出ているといわれる。

「信仰は単に口先の問題ではなく、太陽が光を放ちバラが香りを撒くように、篤信が心に満たされ、その様が傍目にも分かるようになる。アッラーと預言者ムハンマドに対する愛情は強まり、それはその人の言動すべてに溢れ出てくることとなる。それは同時にアッラーに対する畏怖心でもある。[15]」

信仰は静けさであると同時に、激しさでもある。そこに偉大さ、美しさ、慈しみ、正義など、いわば人にとっての三大価値といわれる「真善美」のすべてが包含されているのだと心の髄に切り込むように鋭く感じ、納得させられ、そして感動するからである。さらにはそうすることで一層揺るぎない生きがいが感じられ、果ては死後の安全と幸福さえも可能になると感得できるからだ。つまり、救済されるのである。

そこで本章の最後に、このような人生観と信心の極致を示すと思われる言葉として、二〇世紀エジプトのイスラーム思想家の著作から二つまとめて挙げておきたい。

＊人生に関し方法論はあっても、それは何なのか、また何故なのかという本質論は把握できない。また人生は遺伝と環境という二大要因にほぼ既定されているが、これもアッラーの定めた法に則っている。人間を形成するのは、肉体・知性それと心（感性であり直感や霊感）の三要素だが、感性豊かに心の嗜好を高めることに真の幸せが見出され

る。そして人生最高の目標は、文明の害から逃れさせ宗教心を育む偉大な自然にも看取される絶対美に対する感動であり、それを通じて知るだろう絶対主に対する依拠と服従である。こうして何人にも賦与されている宗教心を育み高めることにより、人生の意味と真の安寧が得られる。[16]

＊不可視界の世界に属する信仰は、幻想ではない。それも人の天性の一部なのだ。可視世界は、聴覚、視覚、嗅覚、触覚、味覚の五覚によって認識する。しかし不可視世界の認識は、精神的鍛錬による。そのためには直観を働かせることとなる。信仰の神髄は、本能的直観により内在世界の頂点に達することである。[17]

註

1 宗教とは、そして信仰とは、といった用語の宗教学的な検討を一切言及していないのは、本書の「はじめに」で述べたように「学理にとわられず」という立場からは許されるだろう。ここでは広く用いられている、常用の概念と一般的な理解をよすがとしている。

2 以下のクルアーン引用の出典はすべて、『クルアーンーやさしい和訳』監訳著水谷周、訳補完杉本恭一郎、国書刊行会、二〇二〇年。第四版。

3 ファハド・サーリム・バーハムマーム『ハーザー・フウワ・アルイスラーム（これがイスラームだ）』リヤード、アルダリール・アルムアーシル社、二〇一八年。第一〇版、一三六～一四四頁。アラビア語。なおその後同書は日本ムスリム協会より『イスラームを知ろう』と改訳して出版された。

4 ユースフ・アルカラダーウィー『アルイーマーン・ワアルハヤート（信仰と人生）』ベイルート、アルリサーラ社、一九九一年。七七頁、八二頁。アラビア語。

5 鈴木大拙『宗教の根本疑点について』大東出版社、二〇一〇年。新装第一版、七九―九三頁。

6 仏教の論議については、例えば『仏教における信の問題』日本仏教学会編、平楽寺書店、一九六三年。仏教は無我と縁起を基軸とするとしつつ、「信とは心を澄浄ならしむ」（倶舎論第四）といった古くからの定義を巡って、多様な解釈が示されている。

7 内村鑑三『余は如何にして基督信徒となりし乎』岩波文庫、二〇一一年。第七五刷。一八頁、二二頁、一三八頁、二〇八頁。

8 イグナチオ・デ・ロヨラ『ある巡礼者の物語　イグナチオ・デ・ロヨラ自叙伝』岩波文庫、二〇〇〇年。二六―二七頁、二八―二九頁。

9 宗教学的な立場からの詳細なまとめとして、例えば中野毅「宗教の起源・再考―近年の進化生物学と脳科学の成果から」、『現代宗教二〇一四』現代宗教研究所、二〇一四年。二五一―二八五頁。また村上和雄「祈りは遺伝子を『活性化』する」産経新聞、正論欄、二〇一八年一月一一日付け。

10 『身心変容技法シリーズ』鎌田東二編集、第一巻「身心変容の科学――瞑想の科学」、サンガ出版、二〇一七年、第二巻「身心変容のワザ――技法と伝承」サンガ出版、二〇一八年、第三巻「身心変容の医学――統合医療と気の科学」日本能率協会マネジメントセンター出版、二〇二一年。当初は全六巻の予定で、残る第四巻「身心変容の霊統――シャーマニズムと霊性の社会」、第五巻「身心変容の光――哲学と霊的美学」、第六巻「身心変容の闇――霊的暴力とオウム真理教」についての出版計画は未定。

11 浄土宗HPより。https://jodo.or.jp/everyday/dairy-working/ichimaikisyomon/　二〇二〇年一一月二七日検索。

12 アブド・アルカリーム・ソルーシュ（二〇一〇年没、イラン）は信仰と神学を峻別して、信仰そのものの強化を目指した。習慣や大勢順応でムスリムとなるのではなく、自由意志と個人的コミットメントで篤信となり、もっと内省的な信徒となるように説いた。

13 聖概念については、『宗教学辞典』東京大学出版会、一九七三年。四五九―四六二頁。また全幅の議論は複雑で長くなるので、以下の拙稿を参照願いたい。「イスラームにおける「聖」の概念」。拙著『概説　イスラーム信仰概論』明石書店、二〇一六年所収、一七九―一九七頁。

14 マッカ、マディーナの聖地に関しては、拙著『イスラームの原点――カアバ聖殿』国書刊行会、二〇一〇年。「聖地としてのマッカ」一九―三二頁参照。聖地マッカの範囲を示す地図は、同書一〇頁掲載。

15 サイイド・サービク『アルアキーダ・フィー・アルイスラーム（イスラームの教義）』ベイルート、ダール・アルフィクル社、七九頁。アラビア語。

16 拙論「アフマド・アミーンの人生論」、『日本中東学会年報』、一〇号、一九九五年。九二頁。英語。

17 アフマド・アミーン『ファイド・アルハーティル（溢れる随想）』カイロ、第五巻一―二六頁。アルサカーファ誌、一九四三年九月四日、一七日、二一日、二八日。アラビア語。ここでは以上四本の論考の内、初めの二本の要点を抽出した。全文は、水谷周編訳『現代イスラームの徒然草』国書刊行会、二〇二〇年。六七―八五頁所収。

第二章　信仰心蘇生のために

信仰心の維持と強化は、日常の雑事に紛れる中、強い希求の気持ちと明確な意識に基づくことが望ましい。この目的に役立つと思われる諸側面を無作為に記述してみよう。広く人の心の傾きを念頭に置いて、一般論として記述する。

（一）宗教信仰と人生

人は誰でも希望や信念を持ち、あるいは持とうとする。それとは逆に、不安を抱え、自信喪失も少なくない。そういった様々な人の心は、万華鏡にたとえられる。多様であるだけではなく、その様子は日々、一瞬一瞬毎に変化しているからだ。これはいわば、万国共通の、人類の生きているという半面である。

これらの万華鏡模様は、いずれもその人の将来を描くところから始まる。明日はどうなるのか、そして来年は？　自分だけではなく、家族や友人の将来も心配の種になりうる。将来を描くとは、要するに人が自然に持つ想像力の賜物といえよう。想像力は人類古来の能力であることは、様々な洞窟壁画などでも知られている。船出を描いた隣には、両手を合わせている様子が書かれており、それは船旅の安全を祈っていると思われる。また古代の墓後からは、多数の副葬品が発掘されるのが普通であり、そもそも墓で埋葬すること自体、来世を思うところから出てきたのであろう。

こうして誰もが、想像力を持ち、だからこそ何かを信じないといられないということになる。それは本当の自信かもしれないし、またはきっちりまとまった信念かも知れない。以上のことを繰り返すが、希望、失望、自信、自信喪失、楽観、悲観などなど、枚挙に暇がない。要するに人間は、想像半分に生きるように生まれついているのである。この半分を体系化して、教義という形式をとるとなれば、それはもう宗教信仰そのものである。好きとか嫌いといった問題ではない。

近代社会は実証と実験に基礎づけられた科学に非常な信頼を置いてきた。その手法しか信じられないという事態である。また科学は実に多大な成果を上げて、その科学信奉の事態を支える根拠となった。つまりそれは虚偽や幻想ではない、という事実である。そのような事実を突きつけられた人類に逃げ場はなくなったかのようになった。それ以外の見地は、馬鹿か怠慢でしかないということになるのである。

しかしそれは人の半面しか認めないということでもある。これが信仰を説く一大根拠となる。信仰も好きか嫌いの問題ではなく、人間の全貌を正面から見るかどうかという問題なのである。そのような角度から、自分を見直してみるのはどうだろうか。新たな発見が持ち受けていることと、必定である。その姿が、真実であるからだ。

大切なことはこの事情は、老若男女にかかわらず、人種や性別に関係ないということである。またそれを認識するのに特別の能力は求められない。要はその人が素直で、まっすぐな心を持っているかどうかである。そのような心を基本として、人生を歩みたいということになる。

(二) 信心とストレス

現代はストレスの時代だと言われたりする。人には想像力が賦与されているので、今ある自分以外の姿を描いたり、願ったりするのが常となった。それは夢、理想、願望などの形をとる。またそれは祈りでもある。

この現実と空想との差違が、あらゆる悩みや苦しみの根源となる。しかもそれが常であるから、人はなかなか救われない。

ではこの差違がどうして苦しみの原因になるのだろうか。それは希望通りに行ってほしいし、そうなりうると考えるからである。両者間にはいわば、天と地のギャップが存在していることを認める必要がある。希望を述べることと、それが実現することとは別次元の話であり、この次元を無理やりに、あるいは無視して、垣根を乗り越えることは事の性質上できないのである。

祈る対象は主や神仏であるとして、祈りを上げる行為はそれで完結している。つまりお願いしたのであるから、そこでピリオッドが打たれるということである。それとその実現、または非実現は、別のいわば現実世界の事象である。そこで実現しようがしまいが、まずはそのような結果を授けられたということについて、人は主の配慮に感謝することになる。無視され忘れられていないからである。

しかし望み通りでないとすれば、やはり不満となるのであろうか。感謝をして同時に不満を覚えるということは、通常は矛盾であり、同時並行には生じないものである。実現かどうかの問題は、当面は現世の諸原因に基づく結果であり、そこでは不満よりは、さらなる自らの尽力を図り、最善を尽くすことしか残されていないのである。それは自らの非力の反省、悔悟かもしれないし、逆に明日への活力の源泉になるのかもしれない。

あの世との交流で祈るという行為と、現世の実現、非実現という事象を混同したり因果関係で結び付けたりすることは、人間の犯す過ちであり、認識不足ということになる。この微妙な関係を了解してこそ、初めて祈りの正しい位置づけと役割も理解されるし、実現しなくても感謝は忘れずにさらに一途に邁進し尽力するという、正しい姿勢が生み出されることとなる。祈ったということは、主に対してお願いしたのであり、お願いしてあるということで一つの仕事をしたという、安堵感や安心感も覚えるものである。保険を掛けてあるという比喩も出てきそうだが、それは主の配剤をお願いしてあるという保険である。だから失念されることはないだろう、という保険である。主の配慮ほどありがたいものはない。それは総合的であり、無限の時間幅の中での最高の配慮である。

正しい信仰はストレスを解消してくれるはずである。それは救われるという意味であり、信じる者は迷うことなくますます信仰一途の日々を送れることとなる。

（三）信仰心は壊れやすいガラスの城

近年宗教の経典を巡るシンポジウムがあったが、その際に次のような話を著者（水谷）よりした。その日は都内が雪で白くなったが、寒い中を参加した人には善行に対する恵みや報奨があると考えるのは当然、しかし安全や健康を考えて欠席した人も種々悩んで尽力して決断したので、やはり報奨があるのである。

そこで結局どちらでも報奨があるのだと言うだけであれば、それは現世的な判断である。あるいは、人は自分の判断で進退を自由に決めて良いという理解に立つのであれば、それは法律的な発想である。そうではなく、いずれであっても最善の尽力をしたかどうかの心のプロセスが、信仰上の問題なのである。

恵みや報奨の有無やその大小は主や神仏の専権事項であり、善行への決意と実行が信心の領域なのである。そこで日常的で即物的な世界とは異次元の信仰世界があり、その中に入りきることが信仰心というものであるということになる。それを一般論として言えば、固有の価値体系としての宗教世界そのものが念頭にあり、それで心が充満されていることが必須条件だということになる。

以上多少の事例に過ぎないが、経典を読んで信仰を強めるとともに、信心がなければその啓典の意味がよく汲み取れないということにもなる。信仰とは薄いガラスの城のように壊れやすいものだ。それは地震大国の日本だからではない。物欲が横行し、見えない諸価値をないがしろにし、人の心や魂を語ることはまずないという、この国の劣悪な精神的環境だからである。

さらに言えば、信心というものはそもそも、それ自体日常の迫りくる多くの圧迫と攻撃の下で、何時も潰されそうな運命にあるということだ。荘厳さと崇高さを伴う信仰という高次な精神的営みは、やはり繊細なものだということにもなる。それだけに、迷いと過ちの道ではなく、正しい道を歩みたい、そして人に優しく親切でありたいという強靭な求道の精神がなければ維持できないものだ。逆に正しい道にあることの有難さは、言葉に尽くせない。そしてその心境の安らかさも格別のものということである。

信仰心はいつも変化している万華鏡のようなものだけに、壊れやすいガラス製だということも覚えておくとためになる。それを前提にいつも自省し、自らを顧みる必要がある。そしてそのような習性を付けておくに越したことはない。それは電車の中にいても、会食の席でも、少々工夫すればできることである。現代日本の生活の中でも十分に実践可能なのだから、こんなありがたいことはない。

（四）信心は平等

信仰の前には男女、老若、大小、貴賤、肌色など区別はない。あるのは信心の確かさ、篤さの別だけである。これは当たり前のように響いたとしても、思い返すと人間関係や人の評価をこのような基準で見直すことは、当たり前ではないことに気付くだろう。それだけわれわれは、それ以外の多くの属性によって人を判断することに慣れきっているからだ。

男女ともその外見で、イケメンかどうか、美人かどうかが取り上げられることが多い。その人の心の在り方、ましてや信仰心の篤いかどうかなどといった秤《はかり》は、通常誰も持っていない。あるいはお金持ちかどうかも、多くの場合人を判断する目印であり、その人との付き合い方の基本となることも少なくない。

それではある人の信心の篤さをどうやって知ることができるのか。それは著者の経験によるとあまり説明を必要としないことであり、あるいはあまり言葉にできない部類のものである。いわば直観である。その人の目線であるとか、その人の言うことではなく、言い方であるとか、逆にそのヒントは有り余るほどある。それを直観で察知できるかどうかは、自分の側の心に篤いものがあるかどうかにもかかっているともいえる。自らにそのような心の準備ができていないで、相手の宝を見出すこともないということになる。

では信心があるという場合に、それに大小、高低の差があるのだろうか。それは素直に考えてみて、存在するという結論であろう。何事にも熱心な人とそうでない人がいる。あるいはもっと細かく言えば、特定の人でも熱のこもるときと、そうでもないときとがある。これも不思議はないことで、調子の良し悪しは誰でも日々変化している。

以上を通じて見失いたくないことは、信仰心にはいろいろの態様や強度があるとしても、結局すべての人の信心は平等であるという点である。つまりその質において、完全に平等なのである。上下も左右もない。宗教施設では寄付金額によって信者の名前に大小や高低の区別が付けられている風景はよく見受けられる。これは現世的な心情と信仰上の基準との妥協というべきものである。本来は全員同列であるとするのが、信仰のあるべき理解なのである。

研修会や勉強会の信者の座り方も、上下も何もない。全員が全く平等であるとのこの世でも珍しい経験をする良い機会でもある。人はなかなか目に見えないもので判断し、自分の言動を縛ることはできないものである。しかし信仰心は誰のものであっても、貴重な輝く真珠のようなものので、平等であるという意識を堅持することで、自分の信心も大切にしたいと思われることである。

（五）信仰は自らの務め

この言葉は二つに分けて考えられる。第一には、前半の「自らの」という部分である。信仰は人に言われてするものではなく、自分自ら求めるものであることは、ほとんど自明のように聞こえる。誰も人に言われて、強いられて信仰に入る人はいない。そのようなきっかけが人によって与えられることはあるとしても、それは自らが欲していてそれが刺激されて、促されているのである。だから自らの判断と願望が基本にあることは、分かりやすい。

またさらに少々複雑にとらえるなら、それは自ら発するだけではなく、自分自身に属するという意味でもある。つまり他人事ではなく、自分の問題であり、課題であるということだ。信仰による救いも、それに欠けるための懲罰も、自分が背負う問題であるということ。他の人にそれを擦り付け、または責任逃れはできないのだ。それだけに自分自身の世界をしっかり守るような感覚を覚えるものであろう。

他方、上の言葉の最後にある「務め」という部分は、注意を必要とするだろう。　務めというと普通は、仕事であり、義務的なものを想定する。では信仰は義務的なものなのだろうか。ここでの答えは、その人にとっては義務的であるということになる。つまりそれは任意で、随時に儀礼を行うと言った気ままなものではないということである。それだけ自分を縛って、その規範を従順に順守することが求められるのだ。

自分の務めである以上、その出来、不出来の成績は、自らが付けることとなる。それは自分が一番よく知っているし、それ以上に崇拝の対象である絶対の主が隅々までご存じであるという意識が充満しているはずである。「お天道様が見てござる」と昔から日本では言い古されてきた。

これが畏怖するという内容である。崇高なものを畏怖し、その荘厳さを味わうといった場面に、現代の日本で巡り合うことはほとんどないのだろう。夜空の満天の星が眺められれば、それに近いものを実際に目にすることができるくらいである。それほどに現世を越えた超絶した諸物や思想に恵まれていないということにもなる。「務め」の一言には、このような荘厳な響きを感じなければいけない。日常的な義務感の世界ではなく、それは超絶者との関係での人間、信者の果たすべき責務、お仕事であり、当然の勤行なのである。

この「務め」は、絶対者との信頼関係の基礎であり、出発点であり、自分自らの存在の原点を確かめる所作ともいえる。それなくしては、礎石なしの建造物である。その危うさは、試す必要もないと言わねばならない。

（六）信仰最良の果実は安寧

人が信仰を求めるのはどうしてだろうか。それは考えてそうなるのではなく、自然な心の傾きなのである。恣意的ではなく、作為的でもなく、無辜な赤子の心なのである。

そのような人の心はいつも将来不安に悩まされるようにできている。仏教ではそれを、生老病死の悩みとしてまとめている。人生は悩みに満ちていることになるが、その根本原因はまだ見ない将来を想像する能力が賦与されているからである。

先を想い悩み、望み、絶望し、期待に胸を膨らませるのである。これはそうしようという意思があるからではなく、文字通り赤子の心理であり、成人の心理なのだ。生きるということの裏面は、想像世界にどう立ち向かうかという課題と取り組むことともいえる。つまり想像することが、人生の重要不可欠な反面だということになる。

不可避的に想像する、そうすると不可避的に悩み、不安に駆られ、生きて行く道標を求め始めるのである。そうすることは、繰り返すが、人間として自然な、天然の反面なのである。だから宗教信仰は、人の半分であると言いきれる。しかも誰しもそうなのである。そう思っているかどうかは別問題であり、何かを信じようとし、何かに縋り付いているのが、人の恒常的な姿なのである。だれしも自分を、また周囲の人を振返ると、そういう実態が浮かんでくるであろう。

そこで信心を持つという意識があるかどうかとは別問題として、確信、信念、信条といった用語も別問題として、それらはすべて人の心が求めるところの確かに信じることのできる一群の考え方ということである。それらが与える果実は、言うまでもなく自分としてのしっかりした考えや、思想である。間違いないと思えた時の安堵感は、誰しも自分の身で経験があるはずだ。この心理状況を称して、安寧と呼ばれる。

安寧は安心と区別される。安心は不安感のないことであるが、安寧はそれよりも一段と格が上になると言えよう。安寧は、不安があっても動揺しない心持ちだからである。不安を不安として受け止められるし、それをも前提として心のバランスが崩されないレベルなのである。仏教でいうとそれは、悟りを開いた、さらには涅槃の心境に達したとも表現されるものである。

この信心の段階は、不動な心境とも言える。泰然自若とも言える。それは自然であり、人間界の浮き沈みを悠然と受け止め、その人の身体全体は全宇宙のうねりの一端として、無駄な抵抗や人為的な所作を慎み、そこに高次な楽しみを見出すことが可能となる。そしてそれが信仰の真の果実を得るという意味なのである。それこそは高度な幸福であり、人の生涯を通じての、最高にして究極の到達点と位置付けられるのである。

（七）信仰は大船に乗った心地

信仰する者の果実は安寧の心であるということは、前述した。泰然自若だとも言ったが、そのような漢語を用いないで経験的な表現が、ここでの大船に乗った心地だとも言える。小舟は波に揺られやすいし、下手すると沈没もしやすい。それに比べて、大船の乗り心地は動揺することもなく、時には船に乗っていることも忘れるほどかもしれない。

過去には船の大小に例えて、仏教の教えが区別されることもあった。仏教はインドからアジアの南と北に分かれて伝播された。南伝仏教を小乗仏教と呼び、北伝仏教を大乗仏教とも呼ばれてきた。つまり北伝の方が正しい教えであり、南伝のそれは誤りという意味なので、そのような呼称は北側から見てのものである。南伝はより個人の救済を強調するが、北伝のそれは社会的な救済を重視するといった区別がされることもあった。いずれにしても、現在はこの小乗仏教という呼称は用いられなくなり、南側も自らのことは上座部仏教、つまりお釈迦様の一番近くの席で教えを聞いていたという意味の用語で呼ぶこととなった。北側もこの上座部という呼び名を尊重して、小乗という侮蔑用語は避けることとなった。

堂々としていて不動の気持ちであるのが、大船に乗っているということであるが、思うに昔の小舟はよほど木の葉のように揺れ動かされて、沈みやすかったこともあるのだろう。今読んでいて大船の安心感がピンと来ないならば、小舟の危険性を思い浮かべると理解は早いのかもしれない。

しかし今一歩突っ込んで思いを巡らせるならば、実際大変な大船である、豪華クルーズ船で最近起こったことが、新型コロナウイルスの感染であった。こうなると大船だから安心だとは言い切れなくなる。つまり大船は乗客数が膨大なので、別の危険性が潜んでいるということになる。火災も可能性が数倍に増大する。こういう事実はやはり無視できないので、信仰との関係でもこの同じ事実の裏面も忘れてはならないということなる。

信仰を持って安堵感に浸るのは、信仰の果実であり、信者の特権でもあるが、それに満足して無防備になることは許されないのだ。第一に信心は、壊れやすいガラスの城であることは前述した。またそのようなリスクは毎日、いや毎時間襲ってくるのが実情であるので、警戒心は不断のものでなければならない。言い換えれば、小舟は言われなくても用心するが、大船は意識して自らに注意喚起し続ける必要があるということになる。信仰心の実態に即して理解するならば、大船の方が慢心を起こしがちなので、危険度は高いのかもしれないということになる。これは新たな教訓としたいものである。

（八）信心は互いに響くもの

信心は互いに響くものとは、何を意味しているのだろうか。それはまず、文字通りお互いに共鳴し、共感するものだということ。確かに信仰は自らの心の営みであるが、それは一人芝居ではない。それは多くの人の心の働き同様、周囲に波を及ぼすし、また自分も周囲からその余波を受ける。

まず初めに言えることとは、信心があり、またそれをさらに求める以上は、一人さみしく孤独感に浸っているのではなく、仲間と心を開き共に行動し、楽しむべきものだということである。それが信仰の一つの功徳のようなものである。またそうすることで、自らの安堵感が深まり、確かなものとなるだろう。

次いで指摘されるのは、人の信心のあり方はすぐに他の人にも看取されるということである。それはその人に責任があるということになる。だから他人との関係の中にある自分を、自分でいつも監視しなければばいけないということだ。こんなことは言われなくても自明のことと思う人もいるだろう。しかしここで強調しているのは、信心も例外ではないという点である。

このように見てくると、人の心の動きは不思議な世界である。「目は口ほどにものを言い」という表現が昔から伝えられている。人の心を知るのは、言葉以外にも動作や仕草で十分な場合もあるが、やはり言葉になれば相当決定的だ。しかし言葉でも動作でもなく、目の動き、目線のやり方でも心の動きが推し量れるのだ。いや、言葉よりも言葉にならないそれ以前の所作の方が、率直に心を表すかもしれない。われわれは社会生活において、このように多様で、複雑なやり取りの中を泳いでいるということになる。

人の心の中でも、喜怒哀楽と言われる鮮明な感情は伝わりやすいことは、誰しも経験している。しかし人間はそれよりもはるかに次元の高い感性や情緒も享受している。信心は動物的な感覚よりは、遥かに高次元の感覚と思考の部類に属している。崇高な、そして荘厳な気持ちであるが、それもやはり人々に共有され、人々は共鳴するものだということになる。

ただし信心は、世の中の雑事にもまれてすぐに傷付き倒壊してしまう面がある。それは繊細で高次元であるので、なおさらそうである。ところがそれが仲間と共有されて、共感をもって享受され育成されていれば、かなり補強される。だから信心は一人さみしく育むのではなく、互いに信仰の兄弟姉妹になるのが正解ということになる。人は見ればその心根が見て取れるもの。さらにそれを絶対主は、いつもどこでもご存じであるということが、信心の中軸にあることは間違いない。

（九）信仰は日々の勤め

この言葉はすぐに理解できそうだ。休んでいる暇はないということである。

むしろ日々というよりは、一瞬、一瞬が勝負だと思いたい。それほどに人の心は移ろいやすいからだ。常にあれやこれやで揺れ動き、それだけにいつ道を踏み外しているかおぼつかないのが普通である。そのためには、自分を監視するもう一人の自分が、すぐ側にいるという感覚が助けになるかも知れない。

心が真っすぐな状態かどうか、正しい道に沿っているかどうかを監視しなければならない。心の襞《ひだ》を探り、そこに変な皺《しわ》がよっていないかをチェックするのである。黙想でもいいし、瞑想でもいいし、それを常に心がけられるかどうかが、問われている。

こういう際に道標となるのが、道徳上の徳目である。誠実さ、慈悲心、忍耐、公正さ、節制・自己抑制、感謝などは、宗教のいかんを問わずに是認され、奨励されている美徳である。逆に悪徳も意識しておこう。虚偽、不正、強欲、恨み、嫉妬心、見せかけ、自惚れなどが挙げられる。これらの一つ一つを掘り下げるのは、やりがいがあるとは言っても相当に時間もかかる。そして問題は、深掘りすればするほど、次の問題に突き当たるだろうということでもある。

もう一つ重要なのは、覚悟である。何の覚悟かと言えば、例えば誠実で正直であることで、不利になり、損をして、傷をこうむるときでも、嘘はつかないという覚悟である。調子のよいときに美徳を守ることは、それほど困難ではないし、誰しも常識的にその準備はあると考えられる。ところが大きな課題は、順調でなく、逆境にある時である。どうかすると「嘘も方便」という考えに走り、あるいは親しい友人さえも裏切ってしまうかもしれない。このように自らに被害があると分かっても順守できるかどうかが、分かれ道である。その覚悟がなければ、本物ではない。それはご都合主義に過ぎないということだ。

釈迦は王子の身分を捨てて修行の道に入った。山中鹿介《しかのすけ》（一五四五年—一五七八年）は戦いに臨んで、「願わくば、我に七難八苦を与えたまえ。」と言って祈った。克己の覚悟とか禁欲の精神などとも言われるが、より厳しい水準を求めるからこそ、磨かれるのである。「汝、己を知れ」という標語はギリシアはデルフォイのアポロン神殿の正面入り口に掲げられていたそうだ。

自分にどれだけ厳しく当たれるのかは、その人自身が決めることだ。常人であれば、その水準に上下の揺れがあるのが普通だろうし、放っておけば緩んでしまう。そしてそれを悔いて、慌てて克己の精神を想い起こす。信仰の日々は、忙しいということである。

（十）信仰は新たな価値世界

信仰は人の全身全霊を挙げての営みであるが、それを一言で言えば、新たな価値の世界に突入し、没入するということである。簡単には自分の気持ちの切り替えと言ってもよいだろう。さらに言えば、従来の日常世界のただの延長上にあるのではなく、隔絶して明澄で高度な感覚に支えられている。

こういう事態について、二つのことを特記しておきたい。一つは、新たな価値という意味合いである。それが意図するのは、同じ行為をしても異なる意義が付与されるということ。例えば、寄付をするにしてもそれが対人関係上の人道主義的な発想のものではなく、対絶対主のお布施や喜捨という用語で表される行為となる。あるいはすでにお布施をする気持ちは、寄付とは別物だということは多くの人の経験が物語るであろう。信仰世界では、それ固有の価値体系があるし、その中に浸ることで信仰世界がよりよく理解されるものである。

二つ目に特記されることは、この新たな価値世界に没入するためには、人の気持ちが整理されていて、踏ん切りが必要だということである。どちらの世界にいるのか、ふらふらとしているようでは、そのどちらでもないということになる。壺坂霊験記という歌舞伎の演目では、盲目の夫が妻に面倒を掛けることを苦にして滝壺に投身するが、それを知って妻も後を追う、しかし両名ともが奇跡的に一命をとりとめ、さらに視力を取り戻し、妻が相当な美人だということも発見するという筋書きである。命拾いしたのは、二人は熱心な観音信仰を持っていたから、ということになっている。この話で注目されるのは、滝壺に投身するということ、つまり全身全霊を挙げて、突入するという行為である。これこそは信仰に入る覚悟と決意と迷いのなさを象徴していると見られる。

新しい価値の世界という文字だけを追うとすれば、それは間違いである。得てしてそうなる恐れは、多くの場合にある。それは従来の価値観を脱する、離れる、捨てるということでもあり、その人にとっては深刻な革命行為である。もちろんそのような意識があるとは言えないケースも多いだろうが、その現象であることは変わりない。それが一瞬のショックかも知れないし、あるいは徐々に訪れるその時であるかもしれない。悟りが開けたり、啓示が下りたりする多くの場面で、そのような状況をわれわれは知ることとなる。

自分自らの信仰発起の瞬間はどうであったろうか。どのようであったとしても、それができるだけ不可逆的で、なおかつ安定的であることが望まれる。そのようであるかどうかは自分で決められる問題ではなく、天の配剤なので悩む必要のない事柄である。

（十一）信仰は絶対主にしがみつくこと

神であれ仏であれ、現世を超絶した存在を主と呼ぶこととする。主は全存在を統括、管理されており、人間はその一部に過ぎないという位置づけになる。そして主が始原であり永劫であるとすると、それ以上に確かなものはないので、それに人はしがみつくしかないという姿になる。

しがみつく姿は、数珠を握り締めるのもそうだし、十字架を手から離さないのもそうだ。阿弥陀像に結ばれた紐を死床で握っているのは、それで西方浄土に導かれるとの信仰からだ。イスラームでもアッラーの称名を数えるための数珠があり、日常生活でそれをいつも手にしている人を多く見かける。肉体的にしがみつくということと、精神的にしがみつくのとは完全には同じではないかもしれない。しかし肉体的にそうしていることは、精神のあり方を指し示しているとも見られる。

主にしがみつくことで、信心がゆるぎないことを示そうとしている。また握り締めている動作は、自分に対してもゆるがせにしないことを誓っているようなものだ。だからその効果は計り知れないし、それだけに宗教の如何を問わず採用されているのであろう。

ただ一つ注意したいことは、握り締めることは、伝統墨守で固陋《ころう》な姿勢を取っているのではないということだ。この辺りは簡単ではない。じっと固まっているのではなく、しっかり握ることで常に自浄作用と新たな自分を発見する更新作用を伴っているというのが実情である。毎日が繰り返しと見えるとしても、その中では恒常的なリニューアルが並走している事実は見逃せない。そしてそのように、日々更新され、新たな発見に驚く自分がいなければ、それは因習と腐敗への道をたどることとなる。多くの宗教が衰える最大の原因ともなってきた。

このことはどの宗教にもある原典の解釈についても言えることだ。新解釈などと言うと軽率で安直な語感があるが、しかしそれは良い意味では、最も必要であり、その原典に新たな生命を吹き込む作業でもある。それは新時代の需要を満たすためかも知れないし、新情報に基づく内容かも知れない。もちろんそれは容易な作業であるはずもないが、やはり一世紀に一人くらいは新解釈を主張する指導者が輩出するくらいの、エネルギーと進取の気性が望まれる。

新規産業とさらなる利潤などと言うとなじみのある用語が並んでいるかもしれないが、宗教も精神界の産業であると言える。ただしそれは人間存在の本源に直結する産業であり、人種や国籍に左右されない、万国共通の資源である。いかなる資源も正しい活用をしないと、人類を崩壊させるという意味でも宗教も産業だということになる。

(十二) 信仰は心のバランス

心に迷いが生じて信仰を求め、信仰を得ればその迷いも霧散する。そして心には安寧が得られるので、それは不動であり、大船に乗った心地である。これらをまとめれば、信仰の心はバランスが取れているということにもなる。

人の心はどのようにして決まるのだろうか。それは理性も感性も、すべての作用の結果であり、あまりに複合的なので、『宗教学辞典』（東大出版会、一九七三年初版）などでも定義はされていない。できないのである。魂が生死にかかわり、精神は意思のあり方といった意味として受け止めることができる。そうだとしても、心は何とも無定形なものを指しているると受け止められる。ただその無定形なものは存在することは間違いないので、その実態の呼称として心というものを持ち出すことになるのだろう。科学的な分析ではなく、極めて非実証的で非分析的であることをむしろ前提として用いている言葉である。

だからいくら人工知能ＡＩが発達しても、心は不可侵なものとして存続することとなる。何とも扱いにくい実体であったとしても、それを否認して人は生きることはできないし、誰もそのような否認をしたいとも思っていない。ロボットになりたいと望んでいる人はいないということだ。

そこで心の実在を正面から求めつつ、その健全さを望むことが人の道であるということになる。それは正しい道、あるいはまっすぐな道といってもよい。まっすぐな道を正しく歩くのは、心がバランスを保っているからである。揺るぎなくも、過たない歩みである。それを望むという自然な心の働きがあるということは、裏から言えば、そのような正しい姿勢の歩みは放置しておいてできるわけでもなければ、誰にでもいつでも可能なものでもない、ということ。そこでそれは、希求して初めて獲得されるということになる。

そこで求道の必要性が説かれるし、それは日々の務めであり、目標でもある。こういったことをこのシリーズでは数回にわたって述べてきたので、読まれた方々にはもうこれ以上の説明などは不要であろう。ゆらゆら、ふらふらではなく、堅固にしっかりした歩みである。その歩みを大切にしつつ、過ごすのが人生ということになる。それには、人種、国籍、学歴などは一切関係しない。関係するのは、その人の決意と実行力だけである。

こういう次第が自然と自分のものとして飲み込める頃には、もう解脱の段階に達していると言える。そのためには、心を切り替えるべく、信仰世界への一瞬時の投身が必要であり、そのような技は誰にでも天性のものとして賦与されていることは間違いない。

第三章　祈りと巡礼

本章ではまず、祈りや礼拝、そして巡礼などにおける日常生活では見られない、特有の信仰心の高揚振りを垣間見る。日本ではこれらの儀礼を実施していない人が大半であり、その場合は実感がわかない恐れがあるので、このギャップを埋めるための追体験の試みである。

（一）祈り

人は存在しない非現実を願う想像力を賦与されており、その願う行為が祈りである。したがってそれは、人間存在の本性に根差したものであり、またしたがって、何らかの形で祈らない人はいないということになる。他方この祈りを整理し、教義化するとそれは儀礼となり、その全体が宗教ということになる。

そこで人間は本来、宗教信仰を持つように生まれついている、というのが本書第一章「宗教信仰とは」のポイントであった。以上の脈絡を逆にたどると、今度は人である以上宗教信仰を持つのが自然であり、その信仰の本質は祈りであるという結論に達するのである。

またさらに論旨を延長するならば、宗教信仰を正しく持てない人は心のどこかに歪みや障害物が横たわっており、そのため素直な生活態度が維持されていないということにもなりそうだ。人は時と所により変化するので、常にこの素直さと無垢な心の再発見とその堅持にも努めなければ、たちまち異常事態の落とし穴の犠牲となる。そうならないためにも宗教信仰に依拠することとなる。こういった全体像が描けそうである。

そこでわれわれの周辺を見渡すと、祈りを巡る考察や論考も以前より目立つようになってきているようだ。例えば、ロバート・ハイラーの大部の書である『祈り』は膨大な資料に基づき、世界的な規模で祈りを観察、分類、分析した、ドイツ宗教学の古典である。そこでは祈りは主として、神との合一を目指した神秘主義的なものと、心の困苦の救いを求める預言者的、福音書的なものに分けて説明、提示されている。同書自体は一九一九年刊行の作品であるが、それが今になって邦語訳が出されたということにも、注目しておきたい。[18]

現場ルポ的なものも少なくない。東日本大震災の現地における宗教者の支援活動や、貧困層の街における救済活動など、現代日本の各地における祈りの模様を詳しく伝える、石井光太著『祈りの現場』など枚挙に暇がない。[19]

こうして多様な形態や表現、あるいは集団的と個人的といった分類などの分析も提示されている「祈り」研究の分野ではあるが、本書では一気に祈りの実態とその中身そのものを対象としたい。ここでの眼目は、祈りの内実を探ることにある。

それらの諸側面を摘記すると、次のようになる。仏教においては、南無阿弥陀仏と称えることや座禅（感情を動かさずに「苦」について瞑想すること で、修行僧は歓びに満ちた平静と涅槃へ、つまり完全な消滅ないしは風化へと至る）である。またキリスト教の祈りの典型は、イエスの祈りである。「天にまします我らの父よ。ねがわくは御名を崇めさせたまえ。御国を来たらせたまえ。御心の天になるごとく、地にもなさせたまえ。我らの日用の糧を、今日も与えたまえ。我らに罪をおかす者を、我らが赦すごとく、我らの罪をも赦したまえ。我らを試みに合わせず、悪より救い出したまえ。」

最後に叙述するのは、信者の日常茶飯事にまで立ち入った形のイスラームの祈りである。それは生活の全側面を覆うように構成されており、実に周到である。しかも聖職者はいないので、信者一人一人の決意と実行に掛かっている点は、特記されねばならない。

ア・妙好人と称名

妙好人と言われる人たちがいる。「妙好」の意味は、よどんだ沼に咲き誇る一輪の白い蓮の花のことだそうだ。汚濁の現世において、そのような蓮の花のような人たちということになるのだろう。彼らは朝起きてから夜寝るまで、一日中、南無阿弥陀仏と称名していることで知られる。称名が生活そのものであり、常にそこに意識が集中しているのである。神仏との合一を願うどころか、その境地そのものの中に生息する人たちである。

著者が幼い頃、京都の街ではこのような人たちを見ることは、それほど珍しいことではなかった。いつも、「ナンマンダー（南無阿弥陀仏）」と、ブツブツ言っているのだ。今ではあまり見かけなくなったのかもしれないが、多くのこういった無名の妙好人たちに、自分の全存在を懸けた祈りの姿勢が見出せる。

妙好人という用語もあまり知られていないかもしれないが、その列伝が編纂《へんさん》されてきた。彼らの念仏自体が祈りであるが、それに加えていわば彼らの言行録が残されている。以下ではその一部を紹介しつつ、彼らの篤信振りを拝見することにしよう。[20]

①浅原才市のこと

浅原才市（一八五〇年――一九三二年）は鳥取の下駄職人をしていたが、浄土真宗にあり、「口アイ（くちあい）」と言われる信心を詠んだ多数の自由詩で知られた。以下はその研究により浅原を世界に紹介した、鈴木大拙の著書に見る。[21]

＊すべてが、念仏一筋の心境で貫かれている。

「わたしが、ねんぶつを、となえるじゃない。
ねんぶつの、ほうから、わしのこころにあたる、ねんぶつ。
なむあみだぶつ。」（四九頁）
「しんじん、よろこび、あんしんを
なむあみだぶつに、しらせてもろて、
なむあみだぶつ、
なむあみだぶつ。」（八〇頁）
「りん十まつころ（頃）なし、いまがりん十（臨終）、
なむあみだぶつ。」（八一頁）
「よろこびわ、とこのなか、
とこのなかこそみだ（弥陀）のなか、
みだのなかこそ、なむあみだぶつ。」（八四頁）
「たのしみわ、こんどあうとき、ぼんぶ（凡夫）じゃあえの（会えぬ）、

こんどあうとき、みだ（弥陀）である。
あなたにあうともおえば、これがたのしみ、
なむあみだぶつ。」（八七頁）
「さいちがごくらく、どこにある、
こころにみちて、み（身）にみちて
なむあみだぶが、わしがごくらく。」（八三頁）
「さいちや、しやわせ、
あんじ、煩うこともなし、
ねんぶつ称えることもなし、
あなた御慈悲にすくわれて、
御恩うれしや、なむあみだぶつ。
なむあみだぶわ
ねてもなむあみだぶつ、

おきてもなむあみだぶつ、
行住坐臥のなむあみだぶつ、
働くもなむあみだぶつ、
帳面つけるもなむあみだぶつ、
何の中かららもなむあみだぶつ、
ざんぎ（慙愧）をしてわ、なむあみだぶつ、
喜んでわ、なむあみだぶつ、
ざんぎをしてわ、なむあみだぶつ、
よろこんでわ、なむあみだぶつ。」（一〇〇―一〇一頁）

＊強い自己反省

「こんな、みなさん、もうたいないことであります。
なむあみだぶつさんの、わたしを仏になさることわ。
あらゆる世界虚空が、みなほどけ、

この中に、このさいちの悪人が、こめてあること。
なむあみだぶつ。」(一三〇頁)

＊感謝、感謝

「あさまし、あさまし、
よるひるなしの、あさまし、あさまし。
ありがたい、ありがたい。
よるひるなしの、ありがたい、ありがたい。
なむあみだぶつ、
なむあみだぶつ。」(一八〇頁)

②讃岐の庄松

もう一人取り上げておこう。庄松《しょうま》(一七九九年―一八七一年)は、香川県の小農に生まれ、浄土真宗の信仰に生きた妙好人として著名である。庄松の言行は、時には皮肉に満ちたものもある。他方、暖かい慈悲の心が感じられるものも多い。その言行録が何冊か残されていたが、やはり鈴木大拙が取り上げるところとなった（以下の引用は現代語に直した）[22]。

＊「庄松は、常に縄をない、またはわらじ作りしていたが、ふとお慈悲のことを思い出すと所作をなげうって、座上に立ち上がり、立ちながら、仏壇の障子を押し開き、ご本尊に向って言った。「バア、バア。」

これは大慈悲の御尊容が懐かしくなって、いわば親が子供の寝顔に見とれて、一人喜んで言ったようなものである。」（一一九頁）

＊「庄松、ある寺にて、住職は銀細工、小坊主は紐細工を打つのを見つけて言った。「寺の内職には、信心をせよ、信心をせよ。」

これは、寺の衣食住はすべて仏祖よりの賜りもので、住職はじめ皆揃うて、御法義に心がけ、朝夕、仏前の崇敬を大切にさえ勤めていれば、別に内職するには及ばず、自ら人望あって、寺は繁盛すると風刺

されたということ。」（一二八―一二九頁）

＊「庄松は、出先で病気になったので、彼の親族や同行者たちが、籠に乗せて、十里ばかりの道を、彼の自宅のある土居村まで送って、皆は彼に言った、「もう家に戻ったのだから、安心して御慈悲を喜ぶように。」それに対して、庄松は言った。「どこにいても、寝ているところが極楽の次の間なのだ。」これは、庄松のいる所は、極楽へ直結しているということである。」（一二九―一三〇頁）

＊「庄松、京都の本山へ同行者と共に参詣したところ、その帰りに大阪より商船にて出発したが、播磨灘へかかった時、思いがけない暴風雨となり、船は木ノ葉のように浮き沈みして、今にも海の藻屑となりそうだった。多くの人たちは日頃の信心もどこへいったのか、「南無《なむ》金毘羅大権現《こんぴらだいごんげん》、今暫し波を静かにしたまえ」と拍手打って救いを求め

て、上を下への大混乱。しかし庄松一人は船底でいびき高々寝ているので、皆はあまりの度胸に不審を抱いて、彼をゆすり起して、「同行、起きんか九死に一生の場合じゃ、大胆にも程がある」と言うので、彼は、「ここはまだ娑婆（この世）か」と申されたのであった。」（一四三頁）（注：生死は一つという彼の覚悟を語っている。）

＊「某寺の住職が、庄松に言った。「あなたのご本尊は、生きておられようか。」庄松は答えて言った。「生きとる、生きとる。」住職が「生きていらっしゃっても、ものを言わないではないか。」そこで彼は、「ご本尊が物を言われたら、お前たちは一時もここに生きておられないだろう」と言った。」（一四五―一四六頁）（注：宗教を語る住職と、宗教を生きるご本尊の本質的な差異を指摘している。）

＊「石田村の市蔵らが、見舞いに来て言うには、「同行が死んだら、墓を建ててあげましょう。」しかし庄松は、「己は石の下にはおらぬ

ぞ」と言った。」（一六三頁）
＊「ある家に庄松が行ったところ、その家の女房が言うのは、「薪がなくて困る」ということであった。そこで彼は、「薪がないならば、仏壇へ行って取ってこい。」ということであった。」（一六四頁）

イ．「主の祈り」と聖母マリアと神学者の祈り

キリスト教の祈りは、聖書を読むのとほぼ同じくらい重視される。祈りの型には、決まったものはなく、最初に神への呼びかけの言葉があり、最後に「イエス・キリストの御名によって祈ります、アーメン」という最後の言葉があれば、それ以外は自由とされる。ありのままの思いを祈ればよいということになる。隠し事や飾り立てることもなく、祈りは神の前にありのままの姿で立つ行為なのである。祈りも含めてキリスト教では、多数の教本が市販されているのでアクセスは容易である。

しかし興味を惹かれるのは、そういう祈りの本は公共の図書館や通常の本屋の書架ではほとんど見当たらないということである。想像するに読者層が限定されるからであろう。そこでやはりそういった教本の一部なりと、ここで見直してみる意味があるということになりそうだ。

①イエスの祈り

イエスが「主の祈り」を教えられた際には、聖書（マタイによる福音書六章六—一三節）によると、次のようであった。

「あなたは祈る時、自分のへやにはいり、戸を閉じて、隠れた所においでになるあなたの父に祈りなさい。すると、隠れた事を見ておられるあなたの父は、報いてくださるであろう。また、祈る場合、異邦人のように、くどくどと祈るな。彼らは言葉かずが多ければ、聞きいれられるものと思っている。だから、彼らのまねをするな。あなたがたの父なる神は、求めない先から、あなたがたに必要なものはご存じなのである。だ

から、あなたがたはこう祈りなさい、

天にいますわれらの父よ、御名があがめられますように。御国がきますように。みこころが天に行われるとおり、地にも行われますように。わたしたちの日ごとの食物を、きょうもお与えください。わたしたちに負債のある者をゆるしましたように、わたしたちの負債をもおゆるしください。わたしたちを試みに会わせないで、

悪しき者からお救いください。」

以上は、口語訳であるが、次のプロテスタント文語訳の文言も人口に膾炙《かいしゃ》してきたので、重複するが記しておきたい。

「天にまします我らの父よ。ねがわくは御名《みな》をあがめさせたまえ。御国《みくに》を来たらせたまえ。みこころの天になるごとく、地にもなさせたまえ。我らの日用の糧《かて》を、今日《きょう》も与えたまえ。我らに罪をおかす者を、我らがゆるすごとく、我らの罪をもゆるしたまえ。我らをこころみにあわせず、

悪より救いだしたまえ。国と力と栄えとは、限りなくなんじのものなれ
ばなり。」（最後の二行はカトリック教会では含めない）

②聖母マリアの祈り

カトリック教会は祈る共同体の中心にイエスの母マリアがいて祈って
いてくださると信じて、次のように聖母マリアに祈ってきた。この祈り
は、多くの人に親しまれてきたものであり、よく知られている（合成さ
れて構成されており、最初の二行は聖書ルカ一：二八、次の二行は一：四二で、「神
の母聖マリア」以下の後半は中世の修道僧による追加とされる）。
「アヴェ、マリア、恵みに満ちた方、主はあなたとともにおられま
す。あなたは女のうちで祝福され、ご胎内の御子イエスも祝福されて
います。神の母聖マリア、わたしたち罪びとのために、今も、死を迎え
る時も、お祈りください。アーメン。」

③現代神学者の祈り

時代を変えて現代に移り、スイスのプロテスタント神学者であったカール・バルト（一八八六年―一九六八年）の祈りより、心に響くものを幾つか選んでみたい。[23]

＊あなたは、私たちがどんな人間であるかを知り給う。

「主なる神よ！

あなたは、私たちがどんな人間であるか、知っておられます。わたしたちが、良い良心を持った人間であり、また悪い良心を持った人間であること――心が満ち足りており、また満ち足りておらぬ人間であること――確信を持ったキリスト者であり、また習慣的なキリスト者であること――信ずる者であり、また適当な信仰しか持たぬ者であり、不信仰な者であることを知っておられます。

また、あなたは私たちがどこから来た者であるか、知っておられます。私たちが、近親者、知人、友人の範囲から、または、はなはだしい孤独のうちからやってきた者であること——落ち着いた豊かさのうちから、または、様々な困惑や困窮のうちからやって来た者であること——何不足ない家族関係から、または緊張し、破壊された家族関係のうちからやってきた者であること——キリスト教会の狭い範囲から、またはキリスト教会の周辺からやってきた者であることを知っておられます。

だが今、私たちは皆、このように全く違っておりながら、全く同じ者として、あなたの御前に立っています。すなわち私たちは皆、あなたの御前に、また互いの間においても、不義のうちにあるという点——私たちは皆、一度は死なねばならぬという点——わたしたちは皆、あなたの恵みがなければ失われた者であるという点において同じ者として、あなたの御前に立っています。一方また、あなたの恵みが、あなたの愛する御子、主イエス・キリストにおいて、私たちすべてに約束され、差し出されているという点においても同じ者として、あんたの御前に立っています。

私たちは、あなたが私たちに語り給うのを待ち望むという仕方であなたをほめたたえるために、ここに集まっています。どうか、このことが今、この時間に起こりますよう、あなたの御子、私たちの主の御名においてお祈り申し上げます。アーメン。」（一四―一六頁）
＊私たちを目覚めさせ給え。
「主なる神よ！

わたしたちがこの時間に集まることを許され、あなたを呼び求め、私たちの心を悩ますことをすべて御前に持ち出し、皆で一緒に、この世界の救いについての喜ばしい音信を聞き、あなたに栄光を帰することができますことを感謝申し上げます。

願わくは、今、あなたご自身、私たちの所に来たり給いますように！　そして私たちを目覚めさせて下さいますように！　あなたの光を与えて下さいますように！　あなたが私たちの教師と慰め主になって下さいますように！　誰もが、自分に必要なこと、自分の救いとなることをしっかり聞き取れるよう、あなたご自身、私たちの一人一人と語り給いますように！

また、ここ以外のどの場所にせよ、この朝あなたの教会として集められている人々に、どうか恵み深くいまし給いますように！その人々と私たちを、あなたの御言葉のもとに堅く支えていて下さいますように！その人々と私たちを偽善、過ち、倦怠やうつり気から護って下さいますように！その人々と私たちに認識と希望、はっきりした証と喜ばしい心とを与えて下さいますように！私たちの主イエス・キリストによってお祈り申し上げます！アーメン。」（五四―五五頁）

＊昼の光を輝かしめ給え。

「聖き、憐れみ深き父よ！

私たちを今日も生かし、共にここに導き、あなたを呼び求め、あなたの慰めとお勧めにみちた御言葉を聞かせ給う、あなたの仁慈（いつくしみ）はいかに大きいことでしょうか。

しかし、あなたの御前における私たち人間とは一体何であるのでしょうか。私たちの思いと言葉と行いのうちには、何という数知れぬ妄想、頑固さ、偽りが満ち満ちていることでしょうか！また、その結果、ここにも、地上全体にも、何という多くの混乱と困惑、苦難と危機が見出されることでしょうか！

しかし、これらすべてに対して、あなたの父親らしい御心は、私たちのために開かれており、またあなたの御手はいつも力強く私たちを支え、導き、自由にして下さいます。あなたは私たちのうちの誰をも忘れたり、退けたりなさいません。あなたは私たちすべてに近く在《いま》し給います。あなたは私たちすべてを召し給います。

どうか、この日曜の朝にもこのことに注意する者とさせて下さい。どうか、私たちがここで、祈り、歌い、説教し、また聞くことによって行うことが、無意味になされているのではなく、あなたの栄光をあらわし、私たちすべてを目覚めさせ、明るくし、引き上げるために――イエス・キリストのために、なされているものであることを、あなた御自身、はっきり御覧下さいますように。アーメン。」(一一〇―一一二頁)

*あなたが強くいまし給うゆえに。

「主なる神よ!

あなたは、私たちがあなたの御言葉を語り、また聞くために、あなたを呼び求め、あなたをほめ讃えるために、また私たちと全世界にとってただ一つ正しく、救いに満ちているものを、あなたに願い求めるために、ここに集められているのをご覧になっておられます。

だが一体、これらのことは、どうしたら義《ただ》しく起こるようになるのでしょうか。あなたは私たちが皆、どのような人間であるかを御存知であり、私たちも、そのことをいささか知っております。私たちは、あなたの御前に次のようなものを決して否むわけにはまいりません。すなわち、私たちの頑固な心、不純な思い、無秩序な欲望、そこから流れ出てきた、また今も流れ出ている一切のもの――私たちの過ちと咎め、あなたを喜ばすことが出来ず、地上の平和を乱し破壊するほかないような、数限りない言葉と行ない、を否むわけには参りません。とすれば、この時間にあなたに仕え、お互いの間でも本当に助け合うことが出来ると思っている私たちは一体何者なのでしょうか。

もしあなた御自身の語りかけと御業が私たちの唯中に打ち立てられ

ないとすれば、これらのことはすべて空しいのです。私たちは、あなたの愛する御子イエス・キリストが私たち貧しい者に喜ばしい音信をたずさえ、私たち囚われているもの者に解放を宣べ伝え、私たち目しいの者に視力を恢復させ――私たち罪人を助けるために来たり給うたという、あなたの恵みと憐れみの約束に、ただひたすら依り頼む者でありますます。まことに、この約束に私たちは今この時間にも、堅く依り頼みます。

あなたは、私たちのなしえぬことを、なしえ給う方であられます。また、そのことを望み給う方でもいまし給います。私たちは信じ、かつ確信します。あなたは、私たちが良い、強い人間であるからではなく、あなたが、そのような方であればこと、必ずこのようになし給うということを。アーメン。」(一三三―一三四頁)

ウ・ムスリムの祈り

ムスリムは、一日の定時に五回礼拝することは知られている。礼拝はすなわち、祈りの定型化されたもので、義務的な儀礼ということになる。そこで中身は祈りということに帰着する。その祈りは三種類に分かれる。

①祈りの種類

イスラームにおける祈りのあげ方は、毎日五回行う礼拝（サラー）、折々に行う祈願（ドゥアー）、そして随時アッラーの名を唱える唱念（ズィクル）に分けられる。ただし口ずさむ文言は、互いに乗り入れて混在している部分もある。そしてすべてに共通しているのは、作法を守りつつできるだけたくさん行うことが良いとして勧奨されていることである。

いずれの場合も口ずさむ程度の声を出すだけである。一番重要なことは、祈るという意思をしっかり持つことと、そしてアッラーに至誠を尽くし、その教えに従うという決意と覚悟である。主は信者の姿や外見を見られるのではなく、その内心を見ておられるという預言者の言葉が残されている。

②礼拝

礼拝は信徒の義務として、一日五回、すなわち暁、昼、午後、日没、夜の定時に実施する。但し厳密にはそれぞれ太陽の動きとは多少ずれた時間が指定される。太陽信仰にならないようにとの配慮からである。また特に金曜日の昼の集団礼拝は、成人男子にとって重視され、共同体意識の高揚を確かめる機会となる。

さらにはこれらの定時だけではなく、断食月の夜長の礼拝、葬式の礼拝、断食明けと犠牲祭の二大祭での礼拝などの特定時、あるいは任意の礼拝もある。

礼拝の仕方としては直立、屈折、平伏、坐の姿勢を組み合わせて行うが、場所は清浄であれば砂漠の中でもどこで行ってもよい。そして礼拝は常にマッカの方向へ向かって行う。礼拝中の所作の一つ一つにおいて決められた言葉を口ずさむが、その内容はクルアーンの章句、祈願の言葉、アッラーを称賛し唱念する言葉で構成される。たとえば直立礼ではクルアーンの章句、屈折礼では「アッラーは偉大なり」、平伏礼では「アッラーは至高なり」と唱念し、坐礼では「アッラーよ、お赦しを」と祈願する。[24]

③祈願

祈願は内容的に随意、実施の定時もなく、また使用言語もクルアーンのアラビア語に限らず自国語が可能である。そこで様々な祈願文言集が世界の各国語で出され、例えばそれを巡礼者が片時も離さず首から下げて歩く姿に出会う。義務的勤行ではなくても祈願することは信仰上極めて重視されており、礼拝の後にも多く祈願するようにと勧められる。祈願の作法あるいは諸条件として次のような事柄が挙げられる。

心を込めること、アッラーを称賛し預言者ムハンマドへの平安と彼へのアッラーの祝福を祈ることから始めること、急がずに祈願しそれは応えてもらえると信じること、アッラーのみにお願いすること、声を低くして泣き声などを上げないこと、礼拝同様にマッカの方に向かって両手を前に揃えること（合掌で手のひらを開けたかたち）、敬虔さ・畏怖・願望と恐怖心をあわせ維持すること、過ちや罪を素直に認めて悔悟すること、三回祈願することなどである。

③唱念

唱念は祈願と異なって、使われる文言がより簡潔で、定型化されたものが多い。一番短くは「アッラーの御名において」であるが、この他「アッラーは偉大なり」、「アッラーは至高なり」、「アッラーは唯一なり」、「アッラー以外に方法も力もない」といったものがよく使われる。

唱念の短い文言でアッラーを唱えることにより、信仰の根本や信者の願いのすべてが凝縮されていると言える。礼拝の際に、何はなくともこれらの短い文言を繰り返すだけでも有効な礼拝とされる。唱念のときには手の位置も限定されないし、向かう方向も決まりはなく何か作業をしながらでも可能である。そこで唱念の簡潔な文言は、ほとんどあらゆる動作においてムスリムの口をついて出てくる。それもそのはずで、常によくアッラーを意識することから信者の日常が展開されるのである。作業の開始、食事の始め、車に乗る時など、何であれ「アッラーの御名において」である。

④祈りの諸例

祈りの言葉は、日常生活のほとんどすべて（食事、着脱衣、排泄、挨拶、家の出入り、負債、出産、死、弔問、埋葬、雨乞い、結婚、くしゃみ、集会、怒り、旅立ち、市場の出入り、乗り物、犬やロバの鳴き声を聞いたとき、悪口を言ってしまったときなどなど）をカバーしている。

そこで簡単明瞭で汎用性のある「アッラーの名において」は、口をついて出ることになる。[25]

＊礼拝堂に入るとき

「わたしは偉大なるアッラーに、その貴い御尊顔に、そして原初よりのかれの権威において、呪われるべき悪魔からのご加護を祈願します。アッラーの御名において。そしてアッラーの使徒に祝福と平安あれ。アッラーよ、あなたのお慈悲の扉をわたしに開いてください。」（三〇頁）

＊就寝の際に

「アッラーよ、あなたこそはわたしの魂を創造され、そしてそれを死なせるお方。生かすも殺すもあなた次第です。もし生かして下さるのなら、それをお守りください。もし御許へ召されるのならば、それをお赦し下さい。アッラーよ、わたしはあなたに無事安泰を求めます。」

（九四―九五頁）

＊心配事を除くために

「アッラーよ、あなたのお慈悲こそ、わたしは願います。わたしを一瞬たりとも、見放さないで下さい。わたしに関することすべてを正して下さい。あなた以外に、新に崇拝すべきものはありません。」（一〇七―一〇八頁）

＊病人の見舞い

「偉大なるアッラー、偉大なる玉座の主に、あなたを治されるようにわたしは祈ります。」（一一八頁）

＊被災者のために

「本当にわたしたちはアッラーのもの、本当にわたしたちはアッラーの御許へ帰って行きます。アッラーよ、わたしが受けた災難においてわたしに報奨を与え、この災難の後に、それより善いものをわたしに

お授け下さい。」(一二二頁)

⑤祈りを巡る疑問

＊祈るとはどうすることか?

祈りは一応「主への人からの内面的な語り」と定義することができ、その内容はアッラーの称賛とアッラーへの嘆願である。称賛は感謝の極まったものと位置づけられるのであるから、結局アッラーへの感謝とお願いが祈る内容ということである。そうすることはまた、唯一にして全知全能のアッラーに依拠することでもある。

＊祈りだけで現実は動かないのではないか?

信仰の立場からの発想だと、何が現実を動かすというのであろうか。改めて考えてみるとそれは他でもない絶対主アッラーの意思であり、他にはないのである。信者としては善かれと信じるあらゆる努力を払い、それをアッラーに認めてもらい、赦してもらい、最後の日における天国行きの審判についてお許しが出るように祈り、お願いするのである。そして現実が望み通りに動けばそれでよしとして、改めてアッラーに感謝することとなる。このように見てくると、祈りだけで現実は動くと初めから考えていないということになる。なぜならばすべてはアッラー次第だからである。祈りはそのアッラーのお計らいをお願いするという位置付けになる。

＊祈りが叶えられなかった時にはどう考えるのか？

信者の発想を再び確かめると、何かが叶うというのは、そのようにアッラーが望まれたからである。だから祈りをしたから叶う、あるいは叶わないという理解ではないのである。そこで祈りの結果がどうであれ、アッラーのお計らいであることは変わらない。それはありがたく受け入れることとなる。そしてそれは時として喜びをもたらし、時として人の忍耐を問う試練の機会ともなるのである。人はアッラーに仕え、試されるために創造され、生きているという一事にもどることとなるのである。

エ・神道の祈り

畏怖と祭りと美の宗教である神道において、祈りは個人の内面においてある、というよりも、共同体の「協働の祈り」としてある。その協働の祈りが祭りである。

宗教を、伝え型の宗教（伝承系宗教）と教え型宗教（説教型宗教）の二種に分類することができるが、神道は教え型宗教ではない。典型的な伝え型宗教である。仏教やキリスト教やイスラームなどの世界宗教・創唱宗教は開祖（教祖）を持つが、神道は起源も不明で開祖も持たない。明確な教義もない。しかしながら、豊富な伝承はあり、それが「神の道（神道）」として伝えられてきた。その伝承の基盤が神話と儀礼である。神道は氏族や民族の伝承の中に伝えられてきた伝え型の宗教で、伝承という共同性（協働性）に支えられている。

この伝承という共同性を支える根源的な物語が神話で、そこに「ちはやぶるかみ」とか「まつり」という神道の共同伝承性をもっとも深いところで支える根源語が出てくる。この「まつり」（祭り・祀り）には、①待つ、②奉《たてまつ》る、③服《まつ》ろう、④真釣り合いなどの語源説があるが、これらを総合すれば、祭りとは、神霊の到来を待ち、神饌《しんせん》や奉納芸能などを奉り、神々の意思に従い、存在の大いなる調和・釣り合い・バランスを実現しようとする協働の祈りの行為であり、神道的世界観の集結点をなすものであるといえる。

神道的世界観を具体的に表現したかたちが祭りである。この祭りがすべての生活と制度の基本であった。最初の祭りは『古事記』や『日本書紀』には、日の神天照大御神《あまてらすおおみかみ》が隠れた天岩戸の前で執り行われた。そのいきさつは、『古事記』では次のように物語られる。

天照大御神の弟の須佐之男命《すさのおのみこと》は母神伊邪那美命《いざなみのみこと》を恋い慕って泣きいさちり、その荒ぶる泣き声で青山を枯れ山に変えてしまうほどであった。そこで父の伊邪那岐命《いざなぎのみこと》は須佐之男命を母のいる根《ね》の堅州国《かたすくに》に追放した。この時、須佐之男命は姉の天照大御神に別れを告げようと高天原に赴いた。しかし、自分の国を奪いに来たのかと疑った天照大御神に身の潔白を証明するために「宇気比《うけひ》」という神秘的な神生みの儀式を行ない、よこしまな心を持っていないことを証明できたと有頂天になり、田畑を壊したり、大嘗殿《だいじょうでん》を糞をして汚したり、さまざまな乱暴狼藉を重ねた。そしてついに、馬の皮を逆剥《さかは》ぎに剥いで、血まみれの皮を天の機織《はたお》り女が神の衣を織っている部屋に投げ込み死に至らしめた。この弟のあまりの乱暴狼藉を恐れ、怒り悲しんで、姉の天照大御神は天の岩戸にさし籠《こ》もり、そのために世界は暗黒に閉ざされてしまった。

そこで神々は知恵を出し合い、この難局を打開するために祭りを行なうことを決議した。神々は諸役を定めて割り振り、鏡や玉を造り、榊《さかき》の神籬《ひもろぎ》を立て、祝詞を奏上し、神楽を舞って神懸りとなった。この時、神懸りして天照大御神をふたたびこの世界に引き戻し、光を蘇らせる功績を上げたのが天宇受売命《あめのうずめのみこと》である。

　このくだりを『古事記』は次のように記している。

「天児屋命《あめのこやねのみこと》、布刀玉命《ふとだまのみこと》を召して、天《あめ》の香山《かぐやま》の真男鹿《まをしか》の肩を内抜きに抜きて、天《あま》の香山《かぐやま》の天の朱桜《ははか》を取りて、占合《うらな》ひまかなはしめて、天の香山の五百箇真賢木《いほつまさかき》を根こじにこじて、上枝《ほつえ》に八尺《やさかに》の勾璁《まがたま》の五百箇《いほつ》の御統《みすまる》の玉《たま》を取り著《つ》け、中枝《なかつえ》に八尺鏡《やたのかがみ》を取り懸け、下枝《しづえ》に白和幣《しらにきて》、青和幣《あおにきて》を取り垂《し》でて、この種種《くさぐさ》の物は、布刀玉命が、太御幣《ふとみてぐら》と取り持ちて、天児屋命、太詔戸言禱《ふとのりとごとほ》き白《まを》して、天手力男神《あめのたぢからをのかみ》、戸の掖《わき》に隠り立ちて、天宇受売命《あめのうずめのみこと》、天の香山の天の日影《ひかげ》を手次《たすき》に繫けて、天の真拆《まさき》を鬘《かつら》として、天の香山の小竹葉《ささば》を手草《たぐさ》に結《ゆ》ひて、天《あめ》の石屋戸《いわやと》に槽《うけ》伏せて踏み轟《とどろ》こし、神懸りして、

胸乳《むなち》をかき出で、裳緒《もひも》を陰《ほと》に押し垂れき。ここに高天の原動《とよ》みて、八百万の神共に咲《わら》ひき。」（倉野憲司校注、岩波文庫）

『古事記』では「祭り」をいう言葉ではなく、「楽《あそび》」という語で、祭りの神事を言い表わしているが、まさしくこの場面の「神遊び」こそが祭りの原型であり、生命力の更新、いのちのよみがえり、復活の秘儀であった。この祭りの場面の描写が、協働の祈りとしての神道祭祀の原型を活写している。祭場をしつらえ、榊を立てて神籬とし、神聖な鏡や玉を取りつけて祝詞奏上する。その際、天宇受売命が手に笹を持って踊っているうちに神懸りして、胸乳と女陰《ほと》が露わになった。それを見て神々は一斉に花が咲いたように大笑いした。笑いは災いを幸わいに転換する力を持つ。それは世界の最大の危機に直面した時に神々が採った生存戦略であり、危機打開の方策であった。ここに神道のリスクマネジメントのかたちが鮮明に言い表わされている。

この場面を、宮中祭祀一族の斎部広成《いんべのひろなり》が著わした『古語拾遺』（八〇七年）には、神々が口々に「天晴《あは》れ、あな面白、あな楽し、あなさやけ、おけ！」と叫び、共に歓び踊ったと記されている。「天晴れ」とは天が晴れてサーッと光が射すこと。「面白」とはその聖なる光を受けて顔の面が白くなること。「楽し」とは楽しくなって自然に手が伸び（手伸し＝たのし）踊り出すこと。「さやけ」とは笹がさやさやとなびくこと。「おけ」とは木の葉がふるふるとふるえることである。神の光りが世界と顔を照り輝かせ、喜びを掻き立て、おのずとからだが動き出して踊り、笹も木の葉もともにさやぎ、喜び、調和する。

こうして、神々がみずから行なった「まつり」から、「かぐら」（神楽）が生まれ、芸能が始まったのである。それゆえ、芸能・芸術の始まりは、「たましひ」をおぎ招き、激しく揺さぶり、エンパワーメントする（元気づける）ことであった。この時の天宇受売命の状態は、『古事記』

には「神懸《かみがかり》」、『日本書紀』では「顕神明之憑談《かみがかり》」および「俳優《わざをぎ》」と記されている。「わざをぎ」とは、神を呼び出す（をぐ）業＝技＝術＝伎（わざ）で、やがてそれは滑稽な振る舞いをも伴い、芸能化していく。これが、「かぐら」（神楽）の始まりであり、神事・芸能の起源神話である。

　このように、天宇受売命の「わざをぎ」（俳優）が「神懸り」であり、「神楽」でもあり、「鎮魂」でもあり、「神の怒り」を鎮める行為でもあり、それが神道祭祀の原型を表現しているという点は注目すべきであろう。『古語拾遺』には、「凡《すべ》て、鎮魂の儀は、天鈿女命《あめのうずめのみこと》の遺跡《あと》なり」と記されていて、鎮魂の儀式が天宇受売命の「わざをぎ」の重要部分を構成していたことがわかる。それがやがて神楽となり、芸能的要素を交えて神々の御霊を慰め、怒りや祟りを鎮める所作ともなったのである。

　この神道の協働の祈りとしての祭りにおいては、禊《みそぎ》や祓《はらえ》は祭りを構成する前段行事とも前提作法ともいえるものとなる。禊とは基本的に身心の個的浄化であり、これを内的浄化とするなら、祓とは供え物を差し出すことにより清める共同体的外的浄化といえる。

もう一つ、重要な内的浄化と外的浄化を媒介する浄化法がある。それが歌を詠うこと、詠歌の手法である。この始まりを『古事記』は次のように伝えている。

天照大御神が復活した後、高天原を追放（「神逐《かむやらひ》」・祓）された須佐之男命は出雲の地に降り立ち、そこで怪物「八俣大蛇《やまたのをろち》」を退治して、わが国最初の和歌を歌う。それが、

八雲立つ　出雲八重垣　妻籠みに　八重垣作る　その八重垣を

の短歌である。この歌は、須佐之男命と櫛稲田姫《くしなだひめ》との祝婚歌として歌われている。須佐之男命は出雲の地で八俣大蛇を退治した時に、「我が御心すがすがし」と言ってこの歌を歌った。この須佐之男命による歌の始まりを物語の流れに沿って読み解いていくと次のようになる。まず、

須佐之男命の原母（伊邪那美命）への憧憬と思慕と啼《な》きいさちりが事の発端であった。須佐之男命は母の不在ないし喪失を埋める手立てを持たなかった。そして、父伊邪那岐命も姉天照大御神もその須佐之男命の心の闇を理解しなかった。それが須佐之男命の暴力性として発現し、高天原での乱暴となって現われ、その暴力性に耐えかねた天照大御神は天岩戸に隠れてしまう。その最大の危機を打開し、「歓喜咲楽《よろこびわらひあそぶ》」協働の祈りとしての祭り（神事＝鎮魂＝神楽）を創出したのであった。その後、須佐之男命は高天原を追放されて、地上（葦原中国《あしはらのなかつくに》）の出雲の国に降り立ち、八頭八尾の巨大な怪物八俣大蛇と戦い、退治して、その尾から「都牟刈《つむがり》の大刀《たち》」（草薙《くさなぎ》の大刀《たち》）を発見し、天照大御神に献上する。そして、婚姻のための宮殿を立てる敷地を探し、ある場所に至って「吾此地《あれここ》に来て、我が御心すがすがし」と言って、「八雲立つ」の歌を歌ったのである。とすると、神話の象徴構造において、剣と歌とは浄化のための二つの表現となっている。つまり、剣（大刀）は外界の暴力の制御と浄化、そして歌は内界の暴発の制御と浄化を表現している。

これを平たくいえば、どうしようもないマザコンの荒ぶる暴力少年が怪物を退治してわが国最初の歌を詠む文化英雄に変身するというイニシエーション・ストーリーである。喪失した不在の母を求めて啼きわめいていた子どもが、高天原を追放されて、行き場を失い、放浪の果てに、怪物に食べられる残酷な運命におののいていた国つ神々を助けたのである。

この須佐之男命において重要なのは剣と歌である。剣による怪物退治と歌による心の浄化と解放。剣と歌は別々のものだが、根幹は一つである。それが剣に表れるか歌の言葉に表れるか。外的世界を安定させるものとして現れると剣となり、内的世界を安定させ心を鎮める役割を果たすと歌となる。

剣と歌。スサノヲは戦い、そして、歌う。どちらも究極的に平和と平安をもたらす「わざをぎ」である。剣を内在させた言葉が歌である。草薙剣のような神剣を内に秘めた歌。そのような歌の言葉によって浄めや鎮めをもたらす力を須佐之男命が発揮する。剣も歌もともにカタルシス、すなわち浄化をもたらすのである。

こうして、神道の信仰においては、協働の祈りが祭りとなり、個の祈りが歌となる。それが次のような吉田松陰の辞世の句にまでつながっている。

身はたとひ武蔵の野辺に朽ちぬとも　留め置かまし大和魂

（二）巡礼

主要宗教には、特定のゆかりの場所を訪れるという巡礼が儀礼に含まれていることは、興味深い。それもそのはずだと言えるのは、どの巡礼であれそれは広義の祈りであると見なしうるからである。願いを込めるからこそ難航苦行を忍ぶこととなる。また歴史を通じて、長い巡礼の道のりが定められ、その各地において固有の儀礼が発達して、またそれに伴った特定の祈り方などが固定化されるケースも出てきた。本来は心の祈りであったのが、肉体的な移動によってその信心がより深まり、固められる効果も発揮されたのであろう。

ア・ムスリムの巡礼

イスラームの巡礼は、その実施が一生一度の義務となっている、マッカ巡礼である。毎年イスラーム暦の一二月が巡礼月と称されて、同月の七日から一二日、ないしは一三日までがその期間になっている。それだけの長時間であるので、自然と参加すべき儀礼や行事は多数に上るし、またその機会ごとの祈りの言葉も多数慣例上決められてきた。それは数多いので、一冊の巡礼時の祈願集として市販されて、多くの巡礼者は首からぶら下げて随時参照しながらの行事参加となる。

これらの多数の行事でも、おそらくもっとも信仰心が高揚するのは、次の二つの機会であろう。それはマッカの預言者マスジド（モスク）に入ってその中央にある、カアバ殿を目にする瞬間である。次いでは、天覧の日とされて巡礼月九日の午後を通じて行われる、アラファートの丘（マッカ市から約二五キロ東の郊外にある）での、祈り（一か所に留まってする留礼）である。

①カアバ殿初見参

カアバ殿はアッラーの命令により天使たちが建造したことがその縁起とされるが、それはムスリムの心の中に建造されたようなものだとも形容される。それほどに憧れの場所であり、まさしく一生最高の興奮である。

＊エジプト人作家の興奮

マッカに到着して、カアバ殿を初めて目にした時の衝撃が、ムスリムにとってどのようなものかを、エジプト人作家ムハンマド・フセイン・ハイカル（一九五六年没）は次のように述べている。そこに巡礼への思慕や、長年に渉り煮詰められてきた生涯の祈願が、一気にはけ口を見出したようである。ちなみに彼の巡礼記は、一九三〇年代にエジプトの思潮をイスラーム志向へと回帰させた大きな契機となったものであった。

「マスジドの扉と天井のある所を抜けると、すぐそこの真ん中に、カアバは突然現れた。その壁は金の刺繍がしてある黒い着物で覆われていた。それは誰も私に言う前に、突然現れたのだ。そしてそれは以前から知っていて、何回もその周りを回礼したかのように、現れたのだった。……真ん中で突然現われたカアバ。それに私の目は貼り付けになり、そこへ私の心は飛んで行き、そこから私の気持ちの去りどころがなくなっていた。そこから私は一つの衝撃を得ていたのだ。それは

カアバ殿周辺の回礼（タワーフ）

私の全存在を満たし、私の両足をそれに引き付け、私の全てを畏怖と慄きに化していたのだ。……こんな時に案内人の話しなぞ、聞いていられない。この家は私の魂を捉え、そこへ急ぎ、そして回礼しつつアッラーの御名を唱えるようにと、引き付けたのだ。[26]」

トンネルを抜けると、そこは白い雪国だった、と言う川端康成の小説の冒頭にも似た印象で、ハイカルは物語っている。でも本当に双方に共通してい

る点は、強い思慕の気持ちが誘引となってこの意表を突く突然性をもたらし、それが衝撃にもなっているということではないだろうか。

＊日本人初の巡礼者――山岡光太郎（一九五九年没）

山岡の巡礼は、一九〇九年一二月に行われた。インドのボンベイにおいて、二ヶ月ほどイスラームについての特訓を受けて、いざマッカへ、ということになった。[27]

その巡礼記にはやはり、カアバ殿初見参の感激がたっぷり描写されている（以下は適宜現代語に直したもの）。

「本尊――マッカ大礼拝殿の光景……幽界にでも入るような心地して通りを進めば、毅然とした堂壁を暗闇に目にした。やがて堂門に歩を移せば下足番が控えており、下足依託者の求めに応じて有料で預かってくれた。そうしない者は自分で携行して、殿内に歩を進めた。朝日はまだ上らず、数万の灯火は蛍火の明滅するようだ。頭の影は堂上に映り、緩やかに読経しつつ三々五々周行するのを見れば、誠に百鬼夜行の図にも似ている。……こうして粛々と同行者に随伴し、読経周行する石殿に到れば、突如として大庭の中央に、高さ約六間に上る立法形の大石殿が鎮座していた。その頂辺より数米の下、金刺繡でアラビア文字を四辺に縫った黒緞子の被覆を……例の法衣を纏える回教徒は案内者に随従し、……、一周毎に堂壁上に埋め込んである黒石を頬擦りし、石殿の周囲を七周した[28]。」

「立法形の大石殿が鎮座していた。」との一言で、山岡の受けた衝撃が表されている。以前に見たハイカルの美文調とは異なって、簡潔を持って貴しとする俳句的なタッチと言えるのかもしれない。

②アラファート丘の留礼（ウクーフ）

巡礼月九日午後の留礼は、数時間の悔悟と祈りの時間であるが、この儀礼は天覧の日とも言われ、アッラーご自身が見ておられる特別の時間とされる。これが実は、巡礼の諸儀礼の中でも最高潮に達する行事である。前の山岡光太郎の巡礼記と、それに続いていくつか他の記述を見ることとしたい。涙を流すほどに、悔悟せよと言われて、実際に大男が泣いているシーンを見ることになるが、その高揚振りはただ事ではないのである。

＊山岡光太郎の巡礼記と本書著者が行った説教

彼は、アラファートではまず、留礼の大集合が他宗教の祭りとは異なりまことに祭り騒ぎもなく、単調な風情に感銘を受ける一方、日射病のためにテントから傍観するに止まってしまい、彼は悔しさをぶつけるしかなかった。

「やがて近くを見れば、数万の教徒たちは塔下（著者注：ラフマ山の白塔）に集り、天を仰ぎ白布を打振り、ラベーキ、ヤ、アルラア（天の神）（著者注：アッラーよ、御前に参上しました）と叫喚し、歓声天地を震撼するほどであった。……邦人未踏の地、之の盛儀を見物するもの、自分が初めてだと思えば、独り自分で独り占めするのがもったいない感じである。但し不幸にしてマッカの入府途上において、日射病に罹り、それ以来健康が勝れない。……、盛儀を幕舎において傍観せしも、最早めまいがして、足は一歩も幕外に出られなくなった。……全く尽きない恨みである。

アラハットにおける儀式は、メルシイ山（注：ラフマ山）頂白塔の下、天を仰ぎ『ラベイキ、ヤ、アルラア』を絶叫するのみにして、他に何の宗教上の儀式執行せられず、何処までも回教儀式の単調無味なことである。またこれ他宗教の徒のような祭り騒ぎと異にし、これ宗教の特色とも言うべきであろう。[29]」

ここで山岡は、自分が日本人としては初めての参加者だと述べている。同様であるが、著者（水谷）は、このアラファート丘での留礼における日本人初の説教師の役割を担ったのであった。それは二〇〇六年一二月のことであったが、その説教（日・英・アラビア語の三か国語で実施）では次のように述べた。

「皆様に平安とアッラーの祝福を、そして我々の預言者ムハンマド（アッラーの祝福と平安を）とその家族ならびに教友たち全員に、祝福と平安を祈念します。本日のこの説教は、この祝福された日に行われる日本語として、初めての説教になるでしょう。

同胞の皆様、

今日このアラファの日に行うウクーフ（留礼）の儀礼は、巡礼の諸儀礼の中でも最高峰のものであることをまず再確認しましょう。クルアーンに明確な根拠があり、また巡礼者全員が同じ場所・同じ時間に行うという唯一のものであるからです。預言者伝承にも、「巡礼はアラファだ」とあります。ですから、ウクーフは巡礼の頂点であり、諸儀礼中それが欠けると巡礼が成立しないという幾つかの巡礼の柱の中でも、最大かつ最強の柱であることを再確認しましょう。

第二には、この日はアッラーが直覧される日（アルヤウム・アルマシュフード）だということを再確認しましょう。皆様の一瞬、一瞬の動きは凡て見て取られています。われわれはアッラーを称賛し、この大切な日にここに居られること（カイヌーナ）が出来たことをアッラーに感謝するものです。今年は特に、この日が金曜日になったという意味で、祝福は二重になりその恵みは何倍にもなっているのです。

第三に再確認したいことは、われわれの預言者ムハンマド（アッラーの祝福と平安を）はこの日に有名な「別離の説教」（フトバト・ルワダーイ）をされたことです。これはイスラーム共同体の憲法にも相当するもので、重要な多くの原理・原則を定めています。それらの凡てをここで述べるのは無理ですが、その要点は次の通りです。

一、アッラーはあなた方のために、教えを完成された。こう説教された時に、次の啓示が降りました。
「今日、あなた方の教えを拒否した人たちは、（あなた方信者が棄教することを）断念しました。だからかれらを恐れないで、わたしを恐れなさい。今日、わたしはあなた方のために、あなた方の宗教を完成し、またあなた方へのわたしの恩寵を全うし、あなた方の宗教として、イスラームを選んだのです。」（食卓章五：三）
二、人間は平等であり、その間には赤も黒も違いはない。
三、アッラーの下で最善の人は、信仰の篤い人である。
第四に再確認したいことは、この説教の後にも皆様と一緒に多くの祈りの言葉を述べることにしますが、その中で特にこのアラファの日に用いられるのは次のものであるということです。

「最善の祈りはアラファの日の祈りである。そしてわたしも言ったしまた私より以前の預言者たちも言った言葉で、最善のものは次のものだ。つまり、アッラー以外に神はなく、アッラーは唯一で並ぶものはない。かれに大権があり称賛もかれのためである。生かすも死なせるも思いのままで、実にアッラーは万能である。」

最後に、偉大なアッラーに与えられた多くの恵みに再び感謝し、特にこの日この時と言う祝福された場所に居られることに付き感謝したいと思います。そして皆様に平安をお祈りします。

以上の言葉を述べつつ、わたくし、皆様方、そして全ムスリムのあらゆる罪をお赦しくださるようにわたくしはアッラーに対してお願いするものですが、一方で皆様方もアッラーにお赦しを乞われるようにして下さい。実にアッラーは、よくお赦しになり、また慈悲深いお方です（続いて幾つかのドゥアーを全員で一緒に唱和）。」
＊留礼の感涙と祈り

アラファの日は、信仰のあらゆる果実が詰まったような一日で、それはイスラーム暦の初めとなった西暦六二二年の聖遷（ヒジュラ）の日よりもすばらしい日であるとされている。預言者ムハンマドがその妻アーイシャに言ったという伝承には、次のようにあります。

「アッラーがその下僕を業火から自由にするのには、アラファの日以上の日はない。威厳あり崇高なアッラーは近づかれ、下僕を巡って天使たちと誇りあい、彼らは何を欲しているのか？と問われる。」（アルダーウード及びアルティルミズィーによる預言者伝承）

そこで再び一二世紀末の人、イブン・ジュバイルの「旅行記」を見てみよう。

「そして前述の金曜日、昼と夕刻の礼拝を同時に済ませると、人々は悔悟し、泣きながら、留礼の行を行った。そして至高至大なる神には、その慈悲を求めた。「神は偉大なり」の声が高まり、人びとの祈りの騒音は高まった。一日にこれほど人びとが涙を流したのが見られたことは嘗てない。またこれほどの人々の心が悔悟し、神の前で服従の念と謙遜の念に駆られて首を垂れるのは嘗て見られなかった。人々がこのような状態を続けている間、太陽は彼らの顔を焦がしていたが、やがて日輪は没し、日没の刻となった。[30]」

アラファの日が金曜に重なることは、非常に重視されていた。月初めの日を決める新月の動きの観測を誤魔化してでも、何とかその日に金曜日が来るようにした、ということが問題になったとの話も残っているくらいである。

以上の一二世紀から現代へと移り、同様な感動が物語られていることを確かめておきたい。パレスチナ出身の現代のイスラーム思想家であり、作家であるムニール・シャフィークの巡礼記を見てみる。

「日没までわれわれはアラファで過ごした。それは、逃したら巡礼が成り立たない、基本的な柱である。アラファでのこの数時間は、祈りとお赦し乞いに満ち満ちていた。……そして巡礼は、アラファで頂点に達したと感じた。あるいはアラファ山（注：ラフマ山）も含めて、いくつかある頂点の一つだと感じた。……そこでは祈りとお赦し乞いしか考えられなかった。……巡礼者たちを見たときは、そして特にここアラファでは、分裂と表面的な弱さにもかかわらず、イスラームの力とイスラーム共同体の力を感じさせられたのだ。[31]」

アラファの丘の留礼（ウクーフ）

イ・キリスト教徒の巡礼

カトリックでは、エルサレム、バチカン、

そしてサンティアゴ・デ・コンポステーラが三大巡礼地とされている。それ以外にもピレネー山中のルルド巡礼などもある。以下ではキリスト教の巡礼における、信仰心の高揚を垣間見ることとする。

①エルサレム

エルサレム巡礼については、前出のイグナチオ・デ・ロヨラの記述を通じてみることにしよう。[32] 同書の第四章は、「エルサレム巡礼――神への絶対的信頼を秘めて」と題されているが、まずはその道行きはただならぬ困難に満ちたものであったことが強調される。それらは、ペストの流行、暴風雨、兵士たちの暴行、そして経済的、身体的な困窮などである。

「神がエルサレムに行くための手段を与えてくれるに違いないとの確固不抜な確証が魂の底に据わっていた。だから、人々がどんな理由を挙げ、恐怖を起こさせようとしても彼に疑いを抱かせることは決して

できなかった。」（一〇〇頁）

「かれら（イグナチオたち）は巡礼船に乗り込んだ。かれは、前の船の場合と同じように、神に抱いている希望以外に生命維持のためのものを持っていなかった。この時期ずっと、われらの主がしばしばかれに顕れた。主はかれに大きな慰めと力とを与えてくださった。……彼は、いつもの習慣通り、小ロバに乗ってエルサレムに向っていった。エルサレム到着二キロ前で、一人のスペイン人で、その風貌から貴族と思われる、ディエゴ・マネスという名の人物が、ここからもう少しで、聖なる都が見える地点に到着するので、全員が良心を究明し心の準備を整え、沈黙を守っていくことはよいことではないでしょうかと、大きな信心を込めて、皆に呼びかけた。」（一〇三―一〇四頁）

「都を眺めている間、巡礼者は大きな慰めを感じ続けた。外の人たちも同じことを言っていたので、自然とは思われない歓びを全員が感じ

ていたのは事実である。かれはいろいろな聖なる場所を訪れたとき、いつも同じ信心を感じたのであった。」（一〇五頁）

「（イエスの足跡をたどるために無許可で一人オリーブ山を訪れたので、修道院の係に捕まって）その男は非常に憤慨して、手に持っていた大きな杖で今にもかれを打とうとする様子だった。そして、彼のところにやって来て、かれの腕を乱暴に掴まえたので、彼はその男の連れていくままに身を任せた。こうしてその信者の男に捕まえられたまま、歩いて行く間、キリストがいつもかれの上を見守っているのが観えて、われらの主から大きな慰めを受けた。それは、修道院に着くまで、ずっと溢れるばかりに慰めが与えられ続けたのである。」（一一〇頁）

以上より、一六世紀のエルサレム巡礼を巡る情熱のほどは十分伝わってきたと思われる。

②バチカン

次はバチカンであるが、イエス降誕より節目となる、西暦二〇〇〇年は大聖年としてバチカンでは盛大な行事が行われた。そして教皇ヨハネ・パウロ二世は、大聖年を公布する大勅書『受肉の秘義』の中で巡礼の意味について次のように説いていた。[33]

「巡礼に出ることは、時代が変わり、文化が異なれば、違ったかたちを取りましたが、信じている人たちの人生のなかでいつも深い意義を持っていました。巡礼に出ることは、あがない主ご自身のあとを、信じる人のだれもが歩むものだということを思い起こさせます。それはつらい苦行を、人間の弱さの償いを行うこと、自分の弱さから目を離さないこと、心から自分を改革する準備をすることです。徹夜、断食、祈りを通し、巡礼者は、キリスト者として完全になるための小道を進みます。神の恵みを支えとし、『成熟した人間になり、キリストの満ちあふれる豊かさにまで成長する』（エフェソ四・一三）ことを目指して努力するのです」（七番一七、一八頁）。

巡礼地は遠方である必要はなく、近くの教会などもその心構えが必要な条件だとされる。種々の祈りの後、司教による終わりの祈りとしては、一般的に次のようなものが使用されたようである。

「いつくしみ深い父よ、御子キリストのあとに従って、あなたのみもとに帰る巡礼の旅を続けるわたしたちの願いを聞き入れ、二十一世紀を過ごして行く人類の歩みを見守り、力強く導いてください。わたしたちの主イエス・キリストによって。アーメン。」

③サンティアゴ・デ・コンポステーラ

スペインのサンティアゴ・デ・コンポステーラへの行程は、今ではイベリア半島北部の片道約八〇〇―九〇〇キロにわたり、通常一ヶ月をかけて踏破する道のりである。九世紀に使徒聖ヤコブの墓が見つかったということで、一〇世紀以来、巡礼の地となった。特に一一世紀以降は、エルサレムへの巡礼がトルコ族の進出により困難となり、さらにはバチカンへもローマとゲルマン人勢力との抗争のため往来はままならなかった時代となったことで、サンゲィアゴ・デ・コンポステーラ巡礼に情熱が注がれた。

歴史的には巡礼のルートはいくつも開かれていた。他方、ペストの猛威や百年戦争のため、ヨーロッパ大陸からの巡礼は、一四世紀以降は目に見えて衰退しはじめた。その間、同地への往来はヨーロッパ文化の交流という意味でも大きな役割を果たした。往時は毎年五〇万人が集まったが、今でも年に一〇万人ほどがフランスよりピレネー山脈を越えてやって来るそうだ。現在では、日本からもツアーが出ている。

大聖堂の五キロ手前にある「モンテ・デル・ゴソ（歓喜の丘）」において、巡礼者は初めて美しい聖地の姿を眼にする。徒歩でおよそ一月の道程。大聖堂に到着した巡礼者は、「栄光の門」と呼ばれる入り口に向かう。そこには幾千万もの巡礼者がもたれるように祈りを捧げてきた柱がある。手のくぼみの跡が歴史を物語っている。

サンティアゴ・デ・コンポステーラに到着すると、「コンポステーラ」と呼ばれる証明書（無料）がもらえる。中世のカトリック教会では「コンポステーラ」は免罪符の一種であった。大聖堂では毎日正午に巡礼者のためのミサが開かれ、巡礼者の祖国と出発地が唱えられる。巡礼は神への誓約と免罪のためであることは、どの巡礼地点でも同じような意義付けがされている。初めは小さな村に過ぎなかったのが、一大都市として発達し、社会のあらゆる階層から巡礼者を集めるに至ったのは、やはり聖ヤコブへの信仰と情熱が動因となっていたことは間違いない。

「聖ヤコブは、当時のヨーロッパ・キリスト社会における、人々の文化的宗教的行動の表れであり、サンティアゴ巡礼は、それを行う者たちにとってまず神聖な空間として存在し、それは隠匿の道であり、またキリスト、聖母、そして使徒聖ヤコブや他の聖人たちによって道中を護られながら達成する自己実現の道なのでした。その結果として、この慈悲と敬虔な精神あふれた巡礼街道は、最終地のサンティアゴ大聖堂だけでなく、その街道沿いに無数にある聖所を訪れることによって、それら宗教的遺物を拝み、ある巡礼者たちは奇跡に出会うこともあるということで、これは、熱心な信者たちにもっとも望まれる宗教的精神的出来事でした。」

「聖ヤコブ巡礼における巡礼者の個人的な体験は、西洋キリスト教世界の精神性と中世の歴史そのものとしてとらえられ、ある一時期だけにおける特別な遺産ではありません。その証拠に、その巡礼は、中世の時代における精神的文化的行為として表され、またそれは、当時のヨーロッパ各地に広く受け入れられた、いかにも人間らしい行為の象徴でした。今日、私たちが生活している二一世紀においても、このような精神世界は、聖ヤコブの巡礼の道に見つけることができ、それは、サンティアゴ巡礼の道の持つ唯一の特徴であり、その道を歩くことによって、精神性や感受性を深め、また聖ヤコブ信仰に対する宗教的行為を達成することができるでしょう。[34]」

サンティアゴ・デ・コンポステーラ大聖堂

ウ・四国巡礼

日本各地でも巡礼が行われてきたが、中でも四国巡礼は知られており、今でもその一部なりと実施する人は少なくない。全行程は一三〇〇〜一四〇〇キロといわれ、八八カ所を巡る道行の各霊場では、読経、祈願、御詠歌（短歌に節をつけて合唱する）といった祈りや、様々な奉納が行われる。それらの場面での強い心的影響や高揚振りは、すでに見た世界各地での巡礼のそれと大同小異と言えそうだ[35]。

①誘因

「四国の何にひかれるのか。古代からの信仰にもひかれるし、遍路の文化にもひかれる。こころの垢を洗い流したい、心身の衰弱しつつあるものをよみがえらせたいと思う。あれこれのことを頭で考える習慣を見直し、からだで感じとることを大切にしたいとも思う。

しかし長い間私を誘い続けてきたものは、もっとなまなましいもの、もっと目で確かめうるものだった。たとえばあの、大麻比古神社で見た老樹、あの老樹の背後にある四国の草木虫魚、草木虫魚の背後にある山河、山河の背後にひろがる乾坤、あるいは老樹に象徴される四国の「太古」、そういったものに誘われてきたのだ。」（九頁）

②お接待

道行でお遍路さんに提供される様々な布施や喜捨が、「お接待」と呼ばれるようになった。巡礼者はその返礼として、各地霊場のお札を差し出すものとされてきた。

四国巡礼

「百七歳まで生きた清水寺貫主の大西良慶師が「ありがとういうて生きることが極楽やの」といったことがある。お遍路でのお接待は非日常の出来事だが、お接待に感謝するこころはそのまま日常の暮らしに生き、大自然の恵みを思うこころも日常の暮らしに生きる。ありがとうをいって生きる日々はまさに極楽三昧だろうが、ただし、それはいうほどにたや

すいことではない。人はともすれば、ごく単純な、それでいて美しい五文字をこころの外に置き忘れてしまう。」（三二頁）

③直線ではなく、回ること

巡礼は一地点の往復型と複数地点の円環型に分けられるが、四国巡礼は円環型の典型である。その円環であることは、人生のあり方を教えるという意味があるという見方が語られている。

「四国路を回るとき、円環は平面的なものではなくて、螺旋状のものになる。物理的には同じ平面でも、心理的には螺旋になる。何回も四国路を踏みながら、次の霊場巡りは今回を越えたものであり、よりましな遍路でありたいと願い、人は螺旋の道を歩く。

遍路と人生の違いは、遍路の体験は何回も何十回も可能なのに、人生はたった一度しかないことだ。以前はそう思っていたのだが、今回の旅で想いが代わった。「回る」ことを繰り返すという意味では人生も同じではないか、人は生から死までを一直線に生きるのではなく、螺旋状の回り方で生きるのであって、そういう意味では「一直線」よりも「螺旋状」のほうが生の真実をとらえているように思えてきた。ひと回りを一月、一年、あるいは十年と考えてもいい。遍路の繰り返しが可能なように、人生の繰り返しも可能なのだ。一直線の生き方よりも、螺旋的な生き方の方が、強い。修行を続ければ螺旋状の円環を上ってゆくこともできるし、修行を怠れば逆にだんだんと下がってゆく場合もあるだろう。」（一五五―一五六頁）

④ゆだねること

帰依することが信仰であるとするならば、自然の雄大さに自らを委ねて、それを称えることでもある。

「ゆだねるという感覚は、大自然のありのままの営みに、自分のありのままの姿を溶けこませてしまうことだろう。自分の存在を大いなる乾坤のなかの芥子粒《けしつぶ》」にすぎないと感ずることでもあり、太古からの無限のときの流れと宇宙の広がりを感じとり、その時空に身をまかせることでもあるだろう。」（一七二頁）

⑤太古と宇宙の感覚

遍路の感激は、太古と宇宙という二つの感覚の蘇生であるということにもなる。

「私がへんろ道で学んできたものもまた、大自然に包み込まれて生きる歓びを味わうことであり、宇宙の営みをからだで感ずることであり、自分のなかの太古、もしくは野生の生命力を呼び覚ますことだった。山だけではない。海もある。海もまた、宇宙のひろがりを感ずる修業の場にふさわしい。太陽、月、海、花、虫などの一切が深いつながりをもっていると感ずること、それを私は「宇宙感覚」という言葉で表現したいし、太古から人間に備わっている野生の生命力がよみがえったものを、「太古感覚」と表現したい。わたしにとって、お遍路の日々は、この二つの感覚を呼び覚まし、驚き、たのしみをひろげてゆく明け暮れでもあった。」（二三八頁）

エ・神道の神社参拝

神道において、神の鎮座する場所は決定的に重要である。それが神社となり、国家鎮護の神の社とか、産土《うぶすな》の神の社として、国家的かつ地域共同体的尊崇を集めることになる。後には、「鎮守の森」と呼ばれる共同体の安心と安全の拠り所ともなっていく。前者で特記すべき神社は、伊勢の神宮を筆頭として、宇佐《うさ》八幡宮、石清水《いわしみず》八幡宮、春日大社、上賀茂・下鴨神社（ただしくは、賀茂別雷神社と賀茂御祖神社）、鹿島神宮、香取神宮、出雲大社、大神《おおみわ》神社、熊野本宮大社・新宮速玉《はやたま》大社・那智《なち》大社（いわゆる熊野三山）などであり、後者はそれぞれの地域の村社などである。

イギリスの生物学者であるライアル・ワトソンとは阪神淡路大震災後に神戸で行なわれた「好きやねん、神さん」シンポジウムで同席したことがあるが、彼は『アース・ワークス　大地のいとなみ』（内田美恵訳、ちくま文庫、一九九七年）の中で次のように述べている。「心に霊感を与えてくれると信じられている場所は世界各地にある。ギリシャのデルフォイの神殿、オーストラリアのエアーズ・ロックのふもと、イギリスのグラストンベリー・トールの山頂、日本の伊勢神宮の森などがそうで、これらには風光の美しさと神秘的な雰囲気以外にとりたてて共通するものはない。／いずれも古くから聖地とされ、シャーマンや呪術師らがこれを見つけ、吟遊詩人や魔女が繰り返し訪れ、僧や仙人が日々これを護ってきた場所である。」

ここで、ライアル・ワトソンが古代ギリシャを代表する聖地デルフォイヤオーストラリア先住民アボリジニの聖地エアーズ・ロックやイギリスのケルト族の聖地のグラストンベリー・トールとかと並んで、「伊勢神宮」を挙げていることに注目したい。これらの古き「聖地」は、もともとシャーマンや呪術師たちによって発見され、吟遊詩人や魔女が訪れ、僧や仙人が護ってきたところであるという。

では、そのような聖地はそこを訪れる人に何をもたらすのかというと、ワトソンはそれは「本質的調和」と思うがままの「夢見」であるという。つまり、世界との調和的安定を結び、神や仏と通じ合う超越的な次元での夢見と交通を与えられる場所、それがこのような聖地であると解くのである。ライアル・ワトソンは同書で、「われわれには、本質的な調和ともいうべきものについての意識と希求があるらしい」とも、「われわれはみな、本質的に大地のことを身体で知っていて、この天与の智慧を表現するゆとりさえ与えられれば、この惑星上でもとりわけ調和がとれている場所の方へと苦もなく、しかも抗《あらが》いがたく、ながれてゆくものらしい。そういうところでこそ、心安らかにくつろぎ、眠ることができる。そこでこそ、思うままに夢を見、より偉大なるものに連なる喜びを味わうことができる」とも述べている。そしてそこでは、「思うままに夢を見、より偉大なるものに連なる喜びを味わうことができる」という。霊感やスピリチュアルな感覚を持ったシャーマンや詩人たちがそこでイマジネーションを膨らませ、夢見を体験し、大いなる存在に出会う場所、それが「聖地」であり、そこはまたこの地球という「惑星上でもとりわけ調和がとれている場所」であるとされる。そのような聖なる場所が世界各地にあるというのである。

そうした特別の場所を、魂を飛ばす場所（異界・他界への境界）、魂をつなぐ場所（神・精霊／人／自然）、魂を浄化する場所（祈り・修行）、魂を強化し生命力を活性化する場所（神遊び、神事芸能）、タマフリ・タマシヅメ・行の場所（鎮魂・瞑想）、宇宙的調和と神話的時間を感じとる処、異次元回路としての次元孔ということもできるだろう。

伊勢の神宮を参拝した西行法師は、次のような歌を残したと伝えられている。

なにごとのおはしますかは知らねども　かたじけなさに涙こぼるる

（『西行歌集』）

当時、僧侶は「髪長《かみなが》」と呼ばれて、神宮の境内に入って参拝することができなかった。そこで、遥か内宮を遥拝して、どのような神様がいらっしゃるのかよく知らないが、ただただその神聖なたたずまいにふれて、おのずとかたじけなくもありがたいという思いが次から次へと溢れてきて、涙がこぼれ落ちてしかたがないのだ、とその心情を率直に吐露したと推測できる。ここでは、畏怖の宗教としての古神道が、守護の宗教としての中古神道ないし中世神道に移行している感がうかがえる。それが徳川時代になると、徳川幕府の創設者の徳川家康を「東照大権現」という神格として祀る日光東照宮が創建され、よりいっそう守護の宗教としての近世神道が強化され、庶民レベルでは「鎮守の森」の信仰が共有されるようになる。

ここで、神道信仰と神社の原型的な信仰のかたちを伝える三輪山《みわやま》（御諸山《みもろやま》）について触れておかなければならない。[36] ここには、神社という社殿（神殿）がなく、山自体をご神体として尊崇する。三輪山の南麓には延喜式内社の大神《おおみわ》神社が鎮座しているが、ここは拝殿のみで、本殿はない。伊勢の神宮も、出雲大社も、上記の神社もみな本殿形式を持つ神社であるが、この大神神社は本殿を持たない古社である。それは、本殿が三輪山（御諸山）と呼ばれるお山そのものだからである。そこに、山頂に奥津磐座《おくついわくら》、中腹に中津磐座《なかついわくら》、南麓に辺津磐座《へついわくら》と尊崇される磐座群があって、原初的な信仰のありかをとどめているとされている。三島由紀夫は『豊饒の海』第二巻『奔馬』の中で、この三輪山山頂の奥津磐座を次のように描写している。

和多都美《わだつみ》神社（長崎県対馬氏市）の海中鳥居

「石は石と組み打ち、組み打つたまま倒れて裂けてゐた。別の石は、平坦すぎる斜面をひろびろとしてさしのべてゐた。／すべてが神の静かな御座といふよりは、戦ひのあと、それよりも信じがたいやうな恐怖のあとを思はせ、神が一度坐られたあとでは、地上の事物はこんな風に変貌するのではないかと思はれた。」

三島由紀夫は、三輪山の聖なる場の磐座に「戦ひのあと」と「信じがたいやうな恐怖のあと」と「神が一度坐られたあと」を視たと記している。畏怖の宗教としての神社の様相を伝えるのに、これほど適切な表現はあるまい。

大神神社の摂社の狭井《さい》神社に至る参道の鎮女池《しずめいけ》のほとりに、「清明」と刻まれた三島由紀夫氏の石碑が建てられている。説明書きでは、昭和四一年八月二二日、三島由紀夫はドナルド・キーンとともに古神道研究のために来社して社務所に三泊参籠《さんろう》したとある。そしてその時の印象を三島由紀夫は次のように手紙にしたためている。

「大神神社の神域は、ただ清明の一語に尽き、神のおん懐《ふとこ》ろに抱かれて過ごした日夜は終生忘れえぬ思ひ出であります。又、お山へ登るお許しも得まして、頂上の太古からの磐座をおろがみ、そのすぐ上には青空でありますから、神の御座《みくら》の雲裾《くもすそ》に触れるやうな感がありました。東京の日常はあまりに神から遠い生活でありますから、日本の最も古い神のおそばへ近寄ることは、一種の畏れなしには出来ぬと思つてをりましたが、畏れと共に、すがすがしい浄化を与えられましたことは、洵《まこと》にはかり知れぬ神のお恵みであったと思います。」

このような原初の畏怖を留める神域が大神神社であり、三輪山である。それは本殿を持つ多くの神社とは異なる初源の姿をとどめている。日本全国の最初の神社一覧ができたのが、『古今和歌集』が編纂された延喜五年（九〇五）、醍醐天皇の命により、藤原時平やその弟の忠平らによって『延喜式儀式帳』（九二七年完成）が編纂される。

これが古社のデータベースであるが、そこには延喜式内社として三一三二座の祭神数と、二八六一処の神社数が記録されてており、「大」の社格の社が四九二座、「小」の社格の社が二四六〇座ある。中でも、大和国《やまとのくに》は全国で式内社が一番多く、二八六座ある。続く伊勢国は二五三座で第二位、第三位は出雲国の一八七座、第四位が山城国の一二二座、第五位が尾張国の一二一座である。

その大和国の延喜式内社のうちで、城上郡が三五座あり、その筆頭が「大神大物主神社」で名神大社に列している。この「大神大物主神社」が大和盆地の東に位置する三輪山の南麓に鎮座する社で、古来、本殿はなく、秀麗な円錐形の山容を持つ「神奈備《かんなび》」山を神の鎮まる山すなわち神体山として篤く尊崇されてきた。『古事記』や『日本書紀』には「御諸山《みもろやま》」、「美和山」、「三諸岳《みもろのおか》」と記され、蛇体の姿としても現れた大物主神の鎮まる神体山として信仰され、三諸の神奈備と称される。標高四六七メートル、周囲一六キロメートルで、南に初瀬川、北に巻向川《まきむくがわ》が流れ、この山の南麓周辺に古代王朝や巨大前方後円墳が築かれた。祭神は大物主神を祀り、大己貴神《おおなむちのかみ》と少彦名神《すくなびこなのかみ》が配祀されている。

ちなみに、日本で最初の本格的な都城は藤原京であるが、その藤原京は三輪山をよく見渡すことのできる大和三山の中に建都された。伊勢に鎮座することになる内宮の祭祀も、この三輪山の西南麓の檜原の地から始まっている。

とすれば、伊勢のお陰参りなどの神道的巡礼の原型は、この三輪山詣でから始まっていると言えるのである。この山の神・大物主神の神威と祟りは歴代天皇を震わせるほどの「ちはやぶる神」の威力があったのである。

註

18 ロバート・ハイラー『祈り』監修深澤英隆、翻訳宮嶋俊一。国書刊行会、二〇一八年。宗教学名著選第四巻。

19 石井光太『祈りの現場』サンガ出版、二〇一五年。

20 仏教では浄土系の念仏は祈りの形態として直ちに理解される。しかし禅宗の瞑想もやはり祈りの一形態として位置づけられる。「神秘主義的な祈り方の変種に、仏教信仰の瞑想がある。仏教は神や恩寵に対する信仰を持たない救済宗教であるが、その瞑想も最高善に対する人格的な関りを持たない瞑想ないし観想である。感情を動かさずに「苦」について省察することによって、修行僧は歓びに満ちた平静へと昇ってゆく。そして平静から聖なる無感動へ、無感動から涅槃へ、つまり完全な消滅ないしは風化へと至るのだ。」前掲書、ロバート・ハイラー『祈り』五一八頁。

21 鈴木大拙『妙好人』法蔵館、平成七年。第二版。綴り方は最小限改訂して、引用した。

22 鈴木大拙『宗教経験の真実』大東出版社、一九九〇年。新版。

23 カール・バルト『祈り』川名勇訳、新教出版社、一九六三年。

24 義務的な儀礼なので、礼拝は法学の一端として詳細に規定される。アブド・アルラハマーン・アルジャズィーリー『礼拝の法学』監修水谷周、訳松山洋平、日本ムスリム協会。二〇一一年。

25 イブン・ワハフ・アルカハターニー『ムスリムの砦』訳サイード佐藤他、リヤード、二〇一四年。適宜改訳。

26 ムハンマド・フセイン・ハイカル『フィー・マンズィル・アルワハイ（啓示の降りた場所にて）』カイロ、一九三六年。七九頁。

27 山岡光太郎については、前嶋信次編『マッカ』芙蓉書房、一九七五年。七九―八四頁。
28 山岡光太郎『世界の神秘境　アラビア縦断記』東亜堂書房、明治四五年（復刻版、青史社、一九八八年）。九二―九四頁。
29 前掲書、一二七頁以下。
30 イブン・ジュバイル『旅行記』関西大学出版会、平成四年。一六二頁。
31 ムニール・シャフィーク『アルハッジューハワーティル・ワタッムラート（巡礼――想念と思索）』ダマスカス、二〇〇三年、三九―四〇頁。（アラビア語）
32 前掲書『ある巡礼者の物語　イグナチオ・デ・ロヨラ自叙伝』。
33 https://www.cbcj.catholic.jp/2000/01/01/2118/　カトリック中央協議会、二〇二〇年十二月一八日検索。
34 フランシスコ・シングル編『聖地サンティアゴ巡礼の旅　日の沈む国へ』塩澤恵訳、エンジン・ルーム出版事業部、二〇〇八年。八〇、八五頁。
35 辰濃和夫『四国遍路』岩波新書、二〇〇一年。なお四国の行路を「お四国病院」と呼んで、巡礼姿は男女共通なので性同一性障害に悩んでいた人に癒しの場を提供し、ひいては出家するに及んだ話は、柴谷宗叔『四国遍路こころの旅路』慶友社、二〇一七年。
36 『大神神社史料』第八巻　続拾遺篇坤、大神神社史料編修委員会、一九八一年

第四章　宗教信仰を感得させる本

宗教を紹介する書物は、図書館にも本屋にもネットにも溢れている。そこで本章では、よく見る教科書的な紹介を繰り返すのではなく、著者個人の目から見てその真髄を会得できるのではないかと思っているものを、多少選んで提供したい。それらが最善という意味ではないし、それ以外には見当たらないという訳でないことも自明の原理である。しかし個人的に心に響いたことなども含めて語ることで、読む人へも勘所が通じるのではないかという期待を込めて記すこととしたい。宗教信仰に関しては、直感が十分に働かないとどうしようもない面が強いので、このような経験的なアプローチを試みることとした。

（一）イスラーム関係

ア・イブン・アルジャウズィー『随想の渉猟[37]**』**

まずはイスラームの全盛期とされる、一二世紀アッバース朝時代の高名なイスラーム説教師であり法学者イブン・アルジャウズィー（一二〇〇年没）の徒然草のような随筆集である。イスラームの識者は多くの教本は残しているが、自由な形の随筆を書き残したのは珍しい。しかしそれが彼らの飾らない心情をうかがうには、むしろ好材料となっていると思われる。

①川の水と乾パンが昼食

今でいうと厳しい受験勉強をしているような禁欲的な生活の中で、イスラームの学習に励んだことが分かる。家はそれなりに裕福な家庭であったが、それでも今では考えられないほどの生活レベルであったようだ。

しかしこのような質実剛健な生活ぶりは、信仰心の鍛錬とは別物ではなかったということが、手に取るように伝わってくる。何よりもそれを自らが求めたことであったとしている。

「私は自分が求めて望んだために、知識を求める甘美さにどんなきついことが含まれていても、それは蜂蜜よりも甘いものとなったのであった。子供のころは、預言者伝（ハディース）の勉強のために乾いたパンを一切れ持って家を出た。そして（旧バグダッド近郊の）イーサー川のほとりに座ってしか、それを食べることはできなかった。というのは、一口食べては川の水を飲んでいたのだ。その時でも私の目は、知識の獲得に燃えていた。その成果は、預言者伝承や預言者（アッラーの祝福と平安を）の事情とその作法、あるいは教友や従者たちのそれらを多数聞いて、私はすっかり預言者の道に関しては、イブン・アジュワド（彼の名前は川と同じでイーサーだったので連想したのであろう。彼はアラ

ビア半島ナジド地方の初期の法官）のようになっていたのであった。」（一六一―一六二頁）

②権力者から離れろ

知識を売るのは、信仰も売っていることになるとの戒めである。禁欲は大きな徳目として、イスラーム道徳で扱われる。

「裁判官や語り部は、生活が苦しくなるとすぐに支配者の下へと逃げ込んでしまう。それは金銭目当てだが、支配者は現世を正価で獲得することもなければ、あるいはその正価で支出することもない（盗んだり、悪用したりする事）。……

学者が直面する初めての問題は、知識による収入が得られないということであろう。ある正当な信者が、ヤハヤー・ブン・ハーリド・アルバルマキー（八六〇年没、ハールーン・アルラシード治世の大臣）の家から男が出てくるのを見た。そしてその男が言った。「益をもたらさない知識から、アッラーのご加護を祈る。」その学者は、禁止されたものを見ても拒否せず、不正に得られたものを食べるので、その心は封じられ、至高なるアッラーとの甘美さもなくなり、誰も彼から指導を仰がなくなった。……

私は生涯を通じて俗欲を捨てて、現世の喉の渇きに耐えた人びとのために犠牲になるのである。彼らは死後、喜悦の飲料を飲み干すし、彼らの事績は語り継がれ、その物語は心の渇きを潤し、そのカビを磨き落とすのである。……

忍耐にも忍耐を、支援され成功する者よ、現世で栄える者を羨《うらや》むな。そのような富を考えれば、あなたはすぐに信仰の門から見たときには、それは狭いものだと気が付くだろう。また自分に解釈上甘くすることなかれ。この世のあなたの生涯は短いものだ。……もし忍耐の緒が切れそうになることがあれば、禁欲者たちの話を読むといいだろう。もし心に関心と覚醒が残っているならば、それで教えられ、恥じらいを覚え、あるいは破滅させられるだろう。」（二一九―二二二頁）

③説教の効果はさまざま

説教の効果は人さまざまのようだ。少々ユーモラスに描かれている。またその書き振りからして、説教をどのように受け止めるかはかなり幅を認めていることも分かる。そのような緩さを信仰心に認めるのが自然であり、息長く持続させられるということになるのであろう。

「説教を聞いて心が目覚めても、それが終わるとすぐに心は堅くなり、不注意が舞い戻ることがある。人の心はさまざまであるが、説教の前後で変わるのには、二つ理由がありそうだ。一つは、説教は鞭打ちのようなもので、それが終わればその痛みは消え去るということ。もう一つは、説教を聞くときの人の心身の状態は、世俗から離れて没頭しているが、それが終了すると雑事にまみれるのである。そこで正しい姿勢から離れることとなる。

これが多くの人の場合であり、目覚めの影響がどのように残るかは、人によりけりなのである。人によっては全く迷わずに、確固とした姿勢を保つ。そうする場合は性格からして、たとえそうすることが邪魔な障害となってでも、そうするのである。ハンザラ（・ブン・アビー・アーミル、六二五年没、マディーナ住民で預言者ムハンマド支援者）という男は、自分は偽信者（説教で自戒の念が湧いたため）だと言って自分を責めたことがあった。

そうかと思うと羽毛のように風に舞って、性格上時に不注意となり、あるいは時に説教通り行動する人もいる。あるいはまた、石の上の水がなくなるように（すぐ流れ去るが）、耳にした分量だけは遵守する人たちもいる。」（一四―一五頁）

④学問の目的は、アッラーを愛すること

勉学の目的はアッラーを覚知することと明言している。諸学の百貨店に目を奪われないようにと、アッバース朝の時代に警告が出されているのだ。学問と信仰の関係についての見地として、一枚起請文を想起させるところもある。

「人によってはクルアーンの読誦法に没頭して、それだけで一生を浪費する。その人は主な流儀に依拠しておけばいいのであって、枝葉に拘る必要は毛頭ないのだ。クルアーンの読誦者が法学のことを聞かれて、何も答えられないというのは何とも情けない話だ。クルアーン読誦法がさまざまあることに、忙殺され過ぎているのだ。

人によっては文法学や、さらには言語学だけに没頭している。あるいは預言者伝承を集めては書き立てて、少しも何が書かれているかについて頭を巡らせていない。伝承学の大家で礼拝に関して聞かれて、何も答えられなかった人もいる。それは読誦者、言語学者、そして文法学者についても言えることだ。……だから必要なことは、まずそれぞれの諸学より少しずつ学んで、その後に法学を学ぶことである。そうして諸学の目的を知ること、つまりその目的とは、至高なるアッラーを学び、その覚知（認識）を果たし、そしてアッラーを愛することである。

星についての知識で一生を棒に振るのは、全く馬鹿げている。それは少々学び、時間を知るようになればいいのだ。（星占いで）運命や判断などと言われることは、無知以外何ものでもない。それらを実際知ることはありえず、試みても彼らの無知をさらけ出すだけである。……化学に専念するのも馬鹿げている。それは全く夢想であり、黄金が銅になることがないと同様に、銅が黄金になることもない。それをしようとする人は、人々を硬貨に関して惑わせるだけである。もちろんそれが、その人の目的であるかも知れない。……権力者には用心して、預言者（アッラーの祝福と平安を）と教友と従者の道のりに関心を払って、精神の鍛錬に励みつつ、知識に則る行動を取らねばならない。真実に従う人は、彼を真実が支援するのである。」（二二一―二二三頁）

イ・アフマド・アミーン『溢れる随想』[38]

次いでは近現代であるが、二〇世紀エジプトのイスラーム思想家アフマド・アミーン（一九五四年没）の随筆集を見てみよう。何世紀経っても物事の本質は判明しないままであり、人生の目的も何も判明しない。それはいわば、人類史の憂鬱である。他方、科学の進歩は目をみはるばかりで、それは多くの人にとっては直ちに宗教への挑戦と受け止められた。さらに二度にわたる世界大戦という人類の将来を疑うこととなるような惨状を目前にした。宗教、そして信仰心の立場と役割は何か。こうした疑問が回答を求めて、イスラーム圏でも湧いてくるのは当然であった。

①知ることと知らないこと

人はなぜ存在するかという本質論への回答はないままに、一生を過ごすことが運命付けられている。絶対主の知恵を明らかにすること、この謎解きそのものが創造の目的ととらえることはできないのか。そうすることでようやく生きることの目的と生きがいが生まれてくるというのである。

「よく知らない人が知っているといい、よく知っている人が一番知らないと言う。無知な人や、あるいは逆に識者でもその多くは、何でも簡単明瞭で、理解や解釈もできるとする。しかしこの存在について、何が分かっているのだろう。その外側しか、われわれは知らないのではないか。その真実や深みについては、ほとんど知らないのだ。いつこの戸惑いが終わるかを知っているのも、神だけなのだ。……

そこで次の質問が出てくる。「人間はどうしてこの世に存在するのか?」それは解くことができない謎に包まれている。人は物質の外側を知っても、その核心を知ろうとすると、当惑するのみである。物質の裏側の神的な部分に関しては、ますます当惑することとなる。……

世界は解かれることが待たれている謎に満ちている。それは無声映画のようで、画像すべてが理解されるわけではない。人類と世界の創造以来、さまざまな偉大な人たちが現れた。啓示を教える預言者だとか、自然美を称える詩人であるとか、研究し分析し結論付ける学者であるとか、可能と不可能の全ての諸側面を深めては交代させて研究する哲学者であるとか、存在の本質を知ることができない論理や知識の失敗を認識して、嗜好と直観による霊知を主張する神秘主義者であるとか、かれら全員が人間に正しい知識と疑問も湧かない諸課題を明示した。しかし存在の本質は知ることがなく、われわれはその解明を待っている。実にいくつかの物語の場面は解説しても、その本質と含蓄と秘められたところは、まだわれわれにとって不明なままなのである。
……

他方で、こういうこと（捉え方）もあり得るだろう。つまり、世界は人間が謎解きをするが、別の目的のために創造されたとするのである。換言すれば、理性を含む世界の創造（の目的）は、その背後にある（絶対主が有する）知恵を（顕示する）ために創造されたとするのである。そうすると異見を唱えること自体が、馬鹿げたことということになる（人の理性は創造の在り方を議論するものではない）のである。

総じて人がもしもこの曖昧さに味を覚え、謎解きの試みをして、時に成功し時に失敗しているならば、この曖昧な雰囲気の中で、強くて明白な味わいを享受することは悪くないのである。」（八―一七頁）

②宗教の世界

人は天に向かって直観するとして、天から人に向けられるのが啓示である。いずれも絶対主が選択されるものだが、人の「心」が基軸であるとされている。これは現代の日本語だと、宗教的天分と言い換えた方が分かりやすいかも知れない。他方、天分があるから教えが伝えられるのであれば、伝えられる人に天分があるというのと、同義になってしまう。やはり「心」が基軸であるとするので十分なようだ。

「宗教の基礎は、この物質世界の裏には、精神世界があるということである。それは幻想や詩的な王国ではない。それは存在すべてに関する、真実の王国である。つまり美、植物、動物、そして人間などすべてである。その精神性の薫香は、最高の魂であるアッラーからのものである。

「かれを、称賛（の言葉）をもって賛美しないものは何もありません。ただしあなた方は、それらがどのように賛美しているかを理解していません。」（一七：四四）

感じようが感じまいが、何事にもその精神的なメッセージがあるが、それは精神性において異なっている。それが異なる様子は、各世界の個人や各グループの事柄が異なっているのと同様だ。それはあたかもピアノの調子に強弱や剛柔や高低の違いがあるのと同じだ。自然の存在の中には、段階というものがある。身体、家族、軍隊、山河や丘や樹木と花々の集まり、あるいは太陽系の星々など、いずれもそうである。どれにも高低の段階がある。それに気づいたのはダーウィンであるが、かれは進化論を唱えた。どのグループにもその部分より価値や機能が一段と高いというボスがいる。それがその種を代表するということになる。精神界でも同様であり、この価値の差があり、この様々な段階がある。この段階こそは、上ってゆくアッラーへの道のりである。

この精神界の個々人は、感性、愛情、熱情、そして最高の魂の光を受け止められる能力において差異がある。そして啓示と直観を受け止める能力の差がある。宗教では、それを光で示すことがよくある。太陽は光を発射し、月はその光を受け止めて地球に送る。またその周辺の星々や星座に対しても、位置など受け付ける条件次第だが、やはり光を送っている。これは精神界における精神的な意味合いの表現として、適切な例えになる。……

この最高の魂（アッラー）は、すべての知識、能力、知恵を集める王国の長であり、望むものを望む者に対して与えるのである。（預言者の）それとの関係は、月と太陽であり、光を受けてそれを放つのである。あるいは受け入れて、発出する。（通常の）人は預言者ほどでなくて、自分では（啓示を）受け付けないのである。またかれらに放出されたのではないが、（預言者から聞いて）放出する。これらは、精神界の諸法を人間の舌で説明することになる。かれらは苦痛を受けて、ま

く世界の車輪に向かうことはできるかもしれないが、しかしそのエンジンには迫れないのだ。思考を詳細にして深める人は、その研究を車輪という物質で止めずに、その背後のあるものに迫るのだ。……これらも真実であることは、否めない事実である。科学的な方法だけに依拠するのは間違いである。芸術の方法は、直観と精神の純粋さと心が開かれていることに依拠している。それは科学の方途と同様に、正しいものである。あちらにはその領域があるように、こちらにも否定されない聖域があるのだ。世界理解のために科学的方法だけに限るのは、明らかに変則歩行である。……

この科学と宗教の間の根深い争いの根本原因は、私には分からない。科学者は神経質となり、かれらの知識はすべてに関係しており、あらゆる問題を解決するとして、知識以上に求めるものはない、だからかれらの領域以外には領域はないとするのである。宗教家の方も神経質になり、科学の領域での知識を信用しないで、また宗教の根幹と小枝部分の峻別ができずに、先達の言葉は降ろされた啓示のようなものとして固く取りつかれてしまったのである。……真実の科学と宗教は、その目的を一つとしており、それは真実への愛情である。手段が異なってはいるものの、両者共、人間性でもってその完璧な姿に到達するであろう。そして周囲で取り巻くものも理解するのだ。あちらは物質的に、そしてこちらは精神的にするのである。」（一六〇―一六九頁）

④宗教の将来

第二次大戦の惨状を前にして、アッラーの支配を説くことに時代錯誤的な違和感を持つ向きがあったのであろう。そこで本論では、どのような状況であれアッラーの支配は徹底されていることを再確認する。大規模な天災もアッラーの差配なのであり、その事実を揺るがせにしないということになる。

「アッラーが世界を支配し統御されるのは、広い一般的な法（摂理）に拠るのであって、狭い部分的なものではない。人を創造しその一般法に従うようにされ、それに従わない者は一掃された。過去、現在、未来を知り、この世とあの世を知り、星座もわれわれ以外のものも知っておられる。総体的な法に反している家の一部分を見るように、アッラーに対するのは、視野を狭くしていることになる。……

アッラーはその一般法から人間に意思の自由を与えられ、自然に行動から生じる部分を授けられたのであろう。また兄弟の命に関する人の責任もそうだが、それはちょうど一部の細胞は他の細胞にも責任を負っているのと同様である。これが世界の一般諸法を平等に扱う一般法であるならば、不満不平は何ら主張の根拠はないということになる。

……

右に見た見解が、この戦争があまりに悲惨であることに鑑みて、どうして人々の間に広まらないことがあろうか。それはアッラーが世界に広められた一般法に基づくものでもある。世界はその一般法と調和するであろう。またそれに拠らなければ、その罪を問われることになるし、自らの慢心を是正することもできない。物質主義の誤りは明らかとなり、アッラーに関する見方も改められることとは、既に述べた。そうすれば死は生命の復活につながり、それは良いことである。またそうすれば、罪人を正すことになるので、懲罰は慈悲であるということになる。それは愛情だということだ。われわれはこの方向に傾く。将来のことは、アッラーが一番ご存じである。」（一二八―一三八頁）

（二）仏教関係

ア・澤木興道『禅に生きる』39

座禅を組んで何を悟るのかについては、幾多の解説書や、古来の教本がある。しかしそれが生きた形で語られているところに、この書物の魅力と独特の説得力があると思われる。著者の澤木興道（一八八〇年―一九六五年）は三重県津市の人であったが、全国を行脚して「宿なし興道」ともいわれた。「寺も、金も、名誉も持たぬ」をモットーに一生を雲水の生活と修行に捧げたことで知られる。彼の言行録をまとめた本書は赤裸々な信仰告白ともなっていて、一言一句がゆるがせにできない迫力に満ちている。真の信仰を求める者の姿勢には、宗教の如何を問わず学ぶべきものが多いことを知らされる。ただし漢語が横溢し現代語でないところが多いので、以下では注目される諸点をまとめ著者の注を随所に付けた。

①遊郭に育つ

遊郭が最上の教育環境だったそうだ。ただ驚かされるだけだが、それ以上の注釈は不要であろう。

「「人間は内緒ごとはできんぞ。」これがそのときの実感であった。このおやじはまさかこんなところで死ぬつもりはなかったろう、家を出るときには、何か用事があるような顔をして、すまして出てきたことであろう。「今から娼婦買いに行ってくるよ」と妻に断ってくるはずないにきまっている。」（八頁）（注：両親を亡くして孤児となった後、彼の養家は遊郭にあった。）

「わしがこんなふうに無常を観じたのは、環境が環境であったからである。養家の生活環境というものは、この世の中の最悪、最下等のどん底で、人格だの教育だのということとは縁もゆかりもないところだったが、実はそれが却って最上の教育環境であったようだ。」（一〇頁）
②道を求めるはじめ
「千秋さんばかりでなく、その家族全部の人たちの雰囲気に何となく

清らかなものを感じて、いつの間にか自分自身の中にも「道を求める」というような観念がはぐくまれていた。」（一五頁）

「世の中に金や名誉よりも大切なものがある」と知ったのは、まったく千秋さんが色々な話をしてくれたり、色々なことを教えてくれたお陰だった。そして、これがとうとうわしの一生を決定した。」（一六頁）

（注：森田千秋は近所の日本画家）

③ 無我を知る

「むしろ自分の要求を捨ててしまって、この身ぐるみ全部を他人のために使い盡していくのが本当だ。我々はいつ死ぬかわからぬが、要するに人のためになったというだけが人生の意味だ。……真宗の寺へ、よくお説教を聞きに行った。そこでは、こんなことを「無我」というのだと知らされた。そのことは坊さんになって、ひたすらこの道を求めたいという気持ちにまでだんだんせりあげていった。」（二五頁）

④雪山童子の求道の話

「諸行無常是生滅法《しょぎょうむじょうぜしょうめっぽう》、生滅滅已寂滅為楽《しょうめつめついじゃくめついらく》」（二一八頁）（注：真実を教えるという悪鬼が腹が空いたと言うので、自分の身を食べてもいいからその真実を求めたという雪山に住む童子の求道心の逸話。童子が木の上から身を投じた瞬間に鬼は菩薩に戻って、童子を救って助けたという。イスラームの似た話は、神の命令で息子を犠牲にすることを決意した瞬間に預言者イブラーヒームは赦されて、代わりに羊を犠牲に付したという。）

⑤既成宗門の無気力さ

「すなわち、あつかいやすくて、飼い慣らしの楽なのを可愛がり、骨と意気地のあるものをひどく嫌った。もっとも今日になってみると、この風潮の方がむしろ一般的で、宗門一般が無気力になってしまっている。そういうふうでは、ピチピチした弾力のある、いきのいいのを教育しきれないのだ。そこに、形式化して迫力を喪失した既成宗門の

無気力な実態が露呈されていると思う。」（六二頁）

⑥人間塞翁が馬

「してみれば、何がいいのやら悪いのやら、何が幸なのか不幸なのか、にわかに決めてしまうわけにもゆかないのである。」（六六頁）（注：師匠に嫌われて他へ送られたことで、真に随身する師と出会うことができたという顚末）

「わしの顔さえ見ると、「金、金、金、金」と、無心をする以外には何も言うことはなかった。思うに、わしが堕落することができなかったのは、実にこの「あきれた養父」のお陰である。」（九三頁）

⑦人間の本音

「人間というものはドタン場まで行って見なければ、ほんものの実物にはつき当たらぬものである。平常如何に実物をお留守にして、にせものを作ることにのみ苦労しているかということが、手にとるように

よくわかった。」（八四頁）（注：日露戦争の際、満州の戦場で日ごろ威張っていた将校が敵弾の下で怯える様）

⑧生と死

「事実、生きていたほうがよかったかどうかは、一生を通じて見なければわかるものではない。わしはいつも自分の生命というものを、むかしも今も変わらず、かく透明に見渡してきている。」（九九頁）

⑨他宗門での緊張

「当時のわしはずっと他宗門（注：奈良法隆寺勧学院（聖徳宗）で勉学）において、骨の髄までそれに染まりたくない、どこまでも永平門下（曹洞宗）の節操を保持しようと一生懸命だった。……それが、後の蘆庯宮の空寺における三年間の閉関坐禅にまで純化されていったのである。」（一三一頁）（注：この精神的な葛藤が、三年間の孤独の修行の原動力となった。）

⑩信仰と真実の生活

「わしはいつも「出家とは自己の生活を創造するものである」といっているが、今の坊さんたちも、折角、仏門に身を置いたのだから、細君があるならあるでいい、子供があるならあるでいい、そのままでいいから、めいめい信仰というものをもって、真の仏道体験から割り出して自分の今のこの国での生活をいきいきと創造して、真実の生活をして貰いたい。」（一四六頁）

⑪正しい発心

「発心正しからざれば萬行空し。」（一五八頁）（注：雑念混じりの信心は排すべし）

⑫無常に生きる

「真実なる自己の生命を挙げて発心して座禅するのである。道元禅師の只管打坐《しかんたざ》は処世術でも技術でもない。人格の真実である。無常ということは、生きることである。いかにして、真実の生活をするかの努力が仏道者なのである。なにかのまねであったり、つくりものであったりしたならば、そんなものは人間ごとであっても仏道ではない。仏道とは、いろいろな動きをする以前の、もとの自分になることなのである。」（一五九頁）（注：澤木禅師は、座禅は何にもならないと説きつつ、座禅に励んだ。）

⑬ふがいない師匠

「わしのところへ小僧に来る者は、寺も、名誉も、金も欲しくないということでなければ駄目である。わしには、小僧に分けてやる寺も、金も、名誉もないし、わしに随身していても永久に出世しないだろう。世間的に考えればまことにふがいない、意気地なしの師匠である。」（二〇〇頁）

⑭一冊でも多くの本を

「一面から見ると、わしの一生は印刷屋や本屋へ奉公しながら、世の中に一冊でも多くの古仏の書をのこし、それが容易に、人々の手に入るようにあらしめたいと努力したに過ぎぬといってもいい。」(二三〇頁)(注:澤木禅師の著者は多数あるが、すべて口述記録であった。)

イ・中野環堂『観音の霊験』[40]

珍しい本を取り上げてみる。戦前の出版だが、当時の宗教学者が取りまとめたもので、一般人の観音体験、著名人の信仰、逸話集などから構成されている。現在でも電子書籍化されており、それなりの関心は集めているようだ。観音菩薩は法華経に説かれるが、古くより衆生救済の菩薩として人気があり、各地に観音像が見られることは誰しも知っている。この書籍より幾つか印象深い個所を見てみよう。現代日本語に置き直して記述する。

①一心一向の信仰

観音信仰に入った一つの契機と、その信仰に基づく覚悟について、編者自身が次のように述べている。彼は一人米国の病院に入っている間のことである。

「「南無大慈大悲観世音菩薩」こう念じると、今までの淋しさもなくなれば、悲しさ、やるせなさを忘れてしまった。観音さまを念じることによって、私は身内の者や、恋人が訪れてくれたにもまさる喜びを味わうことができたのである。私は慰められた。これが、私がある意味において観音さまを信じるようになった動機である。寂しい、悲しい、やるせない、病中のこの逆境が私を信仰に導いてくれたのである。」（二九頁）

「私は病気でどんなに苦しんでも、その間「直してくれ、直りたい」と思ったことはない。死ぬも寿命なら、生きるのも因縁である。仏様の御心のままだ。何もくよくよするに及ばない。ただ無念無想、精神を統一しているだけである。これが、病気にもよいのであろう。私の病気が手術もせずに、ケロリと直ったことは、現代医学からみるとたしかに不思議であり、奇蹟である。しかし、私にはこんなことが非常にある。」（三二一頁）

②某海軍中将の観音霊験

沈没艦船から数名の乗員を救い出し、観音信仰に入った後、都内の看護学校において次のように述べ、観音信仰の精神を語った。

「「観音さまは慈悲の菩薩である。慈とは与楽であり、悲とは抜苦である。苦を抜き楽を与えるのが、皆様の天職であるが、それは観音さまの御心と同じなのであるから、どうか皆様も観音さまとなって、世の人々を救ってあげねばなりません」と。とにかく、観音さまは現世の救いがあるからありがたい。現代人の生活にぴったりくるのである。私は、ただ迷信に堕せぬようにと考えて、観音信仰を実践している。」

（六六頁）

③ 品川高等女学校長代理漆雅子女史の観音霊験

「先年も洋裁室が漏電のため、まさに大火になろうとしたが、不思議に一坪ばかりこがしたのみで消し止めることができた。これも一つに観音信仰の利益であろうと信じ、まことに有り難いことであると思う。道理に合わぬ、学問的でない、科学的でない、と言って私の話を一笑に付される方があれば、それも結構である。しかし私は信仰というものは絶対的なものであると思い、理屈がましいことは抜きにし、聖天様ないし観音様はありがたいものであると信じ、ただ涙を流している次第である。とにかく、信仰に理屈は必要でないと思う。信ぜずにはいられない、そしてただひたむきに信じていると、御利益は願わなくとも、いろいろ有難いこと、もったいないことが終始体験できると思う。」（一三三―一三四頁）

④大妻高等女学校校長大妻コタカ女史の観音霊験

「私どもは霊眼がないから、見えないことが数多くあるけれども、神様の方からは善きも悪しきもみんなよくお分かりになっておられる。人が見ているから、いないからと区別はすまい、また人が何と言おうと書こうとかまわない、正しく行ってゆくばかりだと決心したのも観音信仰からであります。……私の今日あるのは、その他の神様のおかげもありますが、観音様のおかげーご加護とお導きーが特に大きいことを思います。感謝の心で過ごしている次第でございます。」（一三七—一三八頁）

⑤東京女子商業学校校長嘉悦孝子女史の観音霊験

「世の中がだんだん物質万能にかたよって来るようですが、物質ばかりでは決して人間の安心も幸福も得られるものではありません。物質はかえって悩みのたね、それを離れさせてくれるものは信仰であります。信仰する者には常に感謝と喜びがあります。……（車中に普段は使わない肩掛けを忘れてきて）私は自動車番号も覚えておりますから、探せばすぐにわかるとは思いましたけれども、「よけいなことをしたから、仏様がそうしたものをしないでよいというので、お取り上げになったのでしょう」と申しそのままにいたしました。こう考えられるのも信仰のおかげで、少しも惜しまず、心にわだかまりもなく、かえって御戒めを有難く思って感謝しております。」（一五〇―一五一頁）

⑥死刑囚の話

昭和八年に市ケ谷刑務所で死刑が執行された。極悪の人殺しとされた藤吉という名前の男であったが、その最後は観音経を携えていたという。「死刑立会人の話によると、藤吉の死はあまりに立派であった。午前九時監房から引き出すと、「どうかしばらく待ってください」と言う。何をするのかと見ていると、ちゃんと帷子に着替え、静座して観音経を一度高らかに読誦し、それから右の手に数珠、左の手に観音経をもってしずしずと、何の不安もなく、何の未練もなく、断頭台に上って行った。死に着くこと帰するがごとく、悠々として不安もなく、畏れもないその悟りきった姿を見たとき、人々はなんと言ったか。「ああ、あれが、極悪の人殺しまで犯した大罪人であろうか！」彼は死の直前、人々に向って言った。「私のような者でも、きよらかな者となることができました。どうか、悪い人々を善い方に導いてください。」彼の心からなる懺悔、真心の叫びはどんなに人々を感動させたことでしょう。（その遺言は）「わが心、今より後は、出流山（栃木市）の、地蔵となりて、人を導く」であった。（一六二―一六三頁）

ウ・勝平大喜『歓喜のこころ[41]』

昭和二年、松江市の老僧がアジア諸国を訪れた後に、毎月一回開催した法話をまとめたものである。それをまとめたのが昭和四八年になったのは、弟子たちが当時の記録を見直して、それを埋もれた形にするのはあまりにもったいなく、是非とも世に広く知られる形にしておきたいと考えたからであった。それほどに長い間の影響があったということにもなる。事実その教えは一〇カ条の短い言葉に圧縮されて、読む者の心に直球を投げてくるものがある。以下では、それらの教えをすべて提示するとともに、所要の解説を加えることとする。

①「われらが身命はこれ露の如く幻と観じ、早く菩提心を発せんことを願うべし。」

厭世観を説いているのではなく、真実を述べているところがポイントである。儚い人生だからこそ、早くに安住不動の仏の道に目覚めて、建設的な生活を過ごすことを説いている。言い換えれば、本当の自分を知るべしということでもある。

②「たとえわが身は滅ぶるも、われらの心性は不滅なることを信じて、生死の繋縛を離れるべし。」

心性とは仏性であり、それは常住であり、不滅の大生命なのである。だから過ちの後には悔い改め、また死を恐れる必要はないということになる。生死を解脱して、その束縛を離れることを説いている。

③「常に寂然《じゃくねん》不動の心を養い、いかなる順逆の境にあるも狂顚せざるべし。」

どうすれば静かで不動の精神を養うことができるのか。これは容易な課題ではない。茶席に臨む精神、仏前で合掌する心など。しかもそれをどのような逆境にあっても揺るがせにしないというのである。日頃より、自らに鞭打つ訓練がなければ、それは望めない。また我が子には旅をさせろ、である。

④「みずから大乗の菩薩なりと覚信し、よく世間の闇を照らし、光明をあたうべし。」

常に悟りを求めようと努めつつ、他方、常に世間の人たちに明らかな知恵を得させんと心を砕くのが、大乗の菩薩である。それは言い換えれば、本当の人間ということになる。それぞれがますます自分を磨こうと努め、他方では少しでも他の人たちを立派にしてあげようと努力し続ける姿は、そのままで大乗の菩薩なのである。儒教に言う、「徳孤ならず、必ず隣あり。」自らが菩薩となるとの決心を、大覚信ともいう。

⑤「たとえわれを苦しめ、われを罵る者あるも、皆これ、菩薩権化の慈悲なりと了知し、深く浄信を起こして非を改むべし。」

仏教の祖釈尊は、「法盛んならば、魔盛んなり」と言われたそうである。その釈尊の命をいつも狙っていた提婆《だいば》という、法敵もいたそうだ。いつもどこにも、いろいろの人がいる。しかしいかに敵と言えども、決して恨み、憎むのではないという教えである。「田の草を取って、そのまま肥料かな」ともいうそうだ。禍も福も、相矛盾するものではなく、同根であり共存しているその事実を、そのままいただくという精神である。苦しめて下さるお方を浄心で迎えることができれば、それはそのお方のお陰なのである。そうすれば、敵は変じて味方となし、禍変じて福となす可能性も生まれてくるのである。大きな心で、敵をも愛するという教えである。

⑥「小水のよく石をうがつことを認知し、いかなる大事に合うも、初発の決心をひるがえさざるべし。」

人生四十九曲がり、あるいは、七転び八起き、ともいう。紆余曲折があり、山あり谷ありという人生劇場においては、不撓不屈の精神しかないのである。これは日々の教えであり、小さな作戦と大きな戦略の根本となる。

⑦「忍はこれ百行の基《もとい》なりと自覚し、怨恨の心を制して色にあらわさざるべし。」

堪忍のなる堪忍は誰もする、ならぬ堪忍するが堪忍、とはよく言われる格言である。それはただの無抵抗を言っているのではなく、自分を知るということが根本にある。苦難に耐えることは、言い換えれば高齢となり、死期を迎えつつある状態も同様である。それに無用に抵抗しても始まらないし、あらゆる貪欲、愚痴や怒り、恨みを乗り越えた心境を目指すということである。

⑧「一言一動もこれ仏への奉仕なりと信じ、因果の私なきをさとりて不実の言動をなさざるべし。」

私欲のための私ではなく、すべては真理の前にぬかずく気持ちを言っている。広くは、すべて誠心誠意の日々を送るということになる。真の孝は、孝を忘れるとも言われる。因果の私なきを知るとは、原因があれば必ず結果があるということであり、この事実は誰ということない道理であり、自分の言動の結果は必ず自分に戻って来るということでもある。『歓喜のこころ』をまとめた著者の説明に出てくるのは、一七世紀フランスのキリスト教徒ローレンスである。彼は、枯れ木も春には新しい芽を出すという一事に神の存在と支配を感得したと言われる。そして毎日台所の調理や皿洗いの仕事に就いていたが、その騒がしさの中でも祈りの時と、何も違いは覚えなかったのであった。すべては神のためという境地にあったからだ。[42]

⑨「仏はこれわれらが真実の母なりと知り、たとえ独り寂寥の天地に立つも、合掌瞑目して、仏と共に安住すべし。」

仏は信じる者の心の中におられるのであり、いつもその慈悲心に包まれている真実をかみしめることが必要である。そしてそれは裏面では、無心でなければならない。茶人が高位な人たちに茶をふるまうのは、そのような席でも手元を狂わせないためだそうだ。その時は、無心になっていなければいけないのであり、それも修行の所作ということになる。

⑩「常に歓喜の心に住し、自ら楽しみ、他を楽しましめ、世の向上をはかりてや

むことなかるべし。」

歓喜の心とは、快楽とは全く別物で、それは仏の道にあることに喜びを見出すのである。そしてその心境に住み着くというのであり、そこから離れない心境が求められる。心を緩めることなく、自他ともに楽しむことを心がけるという、誓願でもある。

(三) キリスト教関係

ア・トマス・ア・ケンピス『キリストにならいて』[43]

著者のトマス・ア・ケンピス(一四七一年没、九二歳の長寿)はドイツのドュッセルドルフ近くの農家生まれ。黙想と祈禱に没頭する修道僧であったが、四〇冊ほどの著作がある。本書は第二の聖書とも言われて広く親しまれ、イエズス会の公式の教本となっている。

①永遠で一つの言葉

「永遠の「ことば」の語ることを聞く者は、雑多な意見から解き放たれる。この一つの「ことば」からすべて（は始まり）、またすべてがこの一つの「ことば」を語るのである。そしてこれが始め（第一原理）であって、また私たちに語りかけるものなのだ。誰もそれを欠いては、悟ることもできず、あるいは正しく判断することもできない。その人の眼にはすべてが一であり、すべてを一に納め、すべてを一の中に見る者は、心が確かに、また神の中になごやかに留まることができる。ああ、真理なる神よ、永遠の愛において私をあなたと一つにして下さい。多くを読み、また聞くことに、私は何度となく退屈に覚える。あなたのなかにこそ、私が望み願うすべてのものはあるのだ。」

（一八―一九頁）

②学問と信仰

「この生におけるすべての完全には、何かの不完全さが付け加えられている。そうして私たちの観想はみな何らかの曇りのないものはない。謙遜に身をわきまえることの方が、深遠な学問の探求よりも、神に至る、よりたしかな道である。学問が非難されるべきものはなく、また何によらず、素直な物事の知識もそうである。それはそれ自体として見ればよいものであり、また神によって整えられたものである。けれど、良い良心と、有徳な生活は、つねにもっと好ましいものだ。しかしよい生活を求めるよりも、知識をえようと望む者が多い故に、それゆえ人はしばしば迷いに陥り、ほとんど何の収穫もえないか、えてもほんのわずかなのだ。」（一九頁）

③神こそ誇り

「たとえ富をもつとしても、それを誇ってはならない。また友だちのことを有力だからとて、誇ってはならない。むしろすべてを与え、かつ、そのすべてにも超えて自身をさえ与えようと乞い願われる、神を誇りとしなさい。身体の立派さや美しさの故に思い上がってはならない。それらはわずかな病によって毀され、汚し尽くされるのだ。自分の手腕や才能について自惚れを持たず、神意を損なわないようにしなさい。なぜならば生まれながらにあなたがもつすべてのものは、ことごとく神に属するのだから。」（二三—二四頁）

④悔い改めること

「もしいくらかでも向上しようと思うならば、神をつねに恐れつつしみ、過度の自由を求めてはならない。そして、すべての感覚を規律の下に制御し、ふさわしくない悦楽に身を委ねてはならない。こうして心の悔い改めに努めれば、まことの信心をえるに至ろう。悔い改めはいろいろな善い結果を生むが、放縦は何時もすぐそれらを失わせるのだ。私たちがみな追放の身である（楽園を追われてこの世へ来たこと）や、かくも多くの危難が魂（を襲う）のを想い顧みるとき、この世においてそもそも人が完全な喜びを覚える、というのは不思議なことである。」（四七—四八頁）

⑤死を思う

「もし一生の長さよりも、自分の死についてもっとたびたび思念するなら、疑いもなくあなたはもっと熱心に身を匡（ただ）し過ちを改めるだろうが。また将来受ける地獄の、あるいは煉獄の責苦を心底からよく見るなら、きっと喜んで悩みや悲しみも耐え忍ぶだろうし、どんなつらい目も恐れないだろうに。だが、それらのことが心に十分沁み込まないので（はっきり会得されないため）、また依然として甘い考えに執着するため、それで私たちは相変わらず冷淡に、たいそう怠けたままでいるのだ。（四九頁）

⑥神が中心

「どこにあなたがいようと、どちらへ向こうと、神に（心を）向かわせなければ、惨めさを逃れられない。なぜあなたは思い乱れているのか、望み願う通りに事が運ばなかったといって、自分の思い通りに万事がなるというのは、誰のことなのだ。私でもなければ、あなたでもない。また地上に住む誰かある人間でもない。この世では、何かの難儀や苦悩をもたない人というのは一人もいない。よし帝王だろうと、法王だろうと。では（他より）幸せというのは、誰のことだろう。たしかにそれは神のために事をしのびうる人に違いない。」（五〇頁）

⑦死と隣り合わせ

「明日には、自分が夕方まで行き着けまい、と思い見なさい。また夕べが来たらば、明日までの生を約束されているなど、敢えて思ってはならない。それゆえ、何時も用意を怠らずに、死に不意打ちを食わされぬような生き方をしなさい（ルカ・一二の三六）。不意に、また予期せぬ時に、死ぬ者が多い。なぜというと、「思いがけない時分に人の子は来るだろう」から（マタイ・二四の四四）。この最後の時が来た折には、あなたは自分の過ぎ去った全生涯を（今とは）まるで違った風に考え始めて、ひどく悲しむだろう。自分がそれほど怠慢で、だらしがなかったことを。」（五四頁）

⑧神への帰依

「いかなる被造物からも、慰めを求めない、というところまで人が到達したとき、そのとき始めて、彼は神を完全に会得しはじめるのだ。そのときはまた、どんなことが起ころうとも、十分満足していられよう。そのときには、大事について喜びもしなければ、小事について悲しみもしないだろう。ただ神の手に自分をのこりなく、また信頼にみちて、任せまつるのである。神こそ、彼にとってはすべてに在ってすべてであり（ローマ・一一の三六）、どうあろうと神にとっては何も滅び

も死にもすることがなく、万物が彼のために生き、そのうなずきにためろうことなく従いつかえるものなのである。」（六四頁）

⑨感謝

「それゆえあなたは、ごく小さいことについても感謝しなさい。そうすれば、さらに大きな（賜物）をうけるにふさわしいものになろう。ごく小さなものをも、あなたは大層立派なものとし、ごくつまらないものを、特別な賜物と考えるよう。もしあなたが、与え手の尊さを認めるならば、どんな贈物と言えども、小さいとか、とても下らないとか、見えることはなかろう。けだし、至高の神の与えられるものならば、どんなものでも、些細ではないはずだから。たとえその与えられたものが罰や笞であったにしても感謝すべきである。なぜならば神が私たちの身に起こるのを許されることは、何であろうと、いつも私たちの救いのためになさることだからである。神の恵みを保っていこうと願うものは、恵みが与えられれば、それを感謝し、取り去られれば、それを耐え忍び、それがまた帰ってくるよう祈るがいい。そしてよく要心して身をへりくだり、（神の恵みを）失わぬようにしなさい。（八八―八九頁）

⑩真理の下で

「それ故お前がする仕事のどれからも、みな大したこと（をした）とは決して考えてはならない。永遠なるもの以外には何一つ、大したものとも、貴く感心すべきものとも、もてはやすに値するとも、考えうべきではない。何も高尚だとか、本当に称賛し乞い願うべきものと、思ってはならない。永遠の「真理」をあらゆるもの以上に愛し、自分のこの上ない卑しさを絶えず厭離するよう。お前は自分の不徳と罪過を何よりもはげしく恐れ、責めて非難し、かつ避けるがいい。」（一〇七―一〇八頁）

⑪神に仕える楽しさ

「ああ、神への奉仕の何という快さ、嬉しさ（マタイ・二の一〇―一二、ヨハネ・五の三）、それによって人は本当に自由にも聖いものにもなり得るのです。ああ、教えのために仕えるのは、何と聖いつとめでしょう。それこそ人を天使たちにも等しいものとし、神の御心に適わせ、悪魔には畏怖すべきものとし、すべての信者たちの範ともするものです。ああ、この勤めこそ私たちが願いもとめ、常住望み取るべきものです。それによって最高善もかちえられましょう。またはてなくつづく喜びも得られるのです。」（一二二頁）

イ・遠藤周作『イエスの誕生』44

イエスの存在に関して謎とされ、多くの議論がある部分に考察を加えて、理解を示している。それは作家遠藤周作の長年の悩みを踏まえた、キリスト教信徒としての解決を示していると言える。

① 犠牲の仔羊

「町から離れた寂しい谷に隔離された孤独ならい者（ハンセン病者）の群れのことも考えられたはずである。彼が出会ったあまたの病人たち、子を失った母親、眼の見えぬ老人。足の動かぬ男、死に瀕している少女、それらの人間たちの苦しみを分かち合うこと。一緒に背負うこと。彼らの永遠の同伴者になること。そのためには彼らの苦痛の全てを自分に背負わせてほしい。人々の苦しみを背負って過越祭の日に犠牲となり殺される仔羊のようになりたい。「その友のために」いや、「人間のために自分の命を捨てるほど大きな愛はない」それこそが人びとに無力に見えようとも、神の最高の存在証明なのだ。……彼は人々の永遠の同伴者たるために人間の苦痛の全てを背負いたいという願いが、神の意志と一致するのを感じられた。」（一〇四頁）

②エルサレム入場

「しかしそれだからと言って、受難物語の場面の悉くが事実のありのままを記述したのだと断定するのも危険である。どの部分が事実であり、どの部分が創作であるかは、それぞれの学者によって意見が違うが、その時、積極的にわたしがとる態度は一つである。私としては聖書の中の事実と真実との意味をはっきり区別したいのである。なるほど、この受難物語に見られるように聖書のなかには必ずしも事実ではなかった場面があまた織り込まれていることを私は認める。しかし事実でなかった場面もそれがイエスを信仰する者の信仰所産である以上、事実なのだ。それは事実などという枝葉末節のことをはるかに越えて、その時代の信仰者がそれを心の底から欲した場面であるから、真実なのである。恐らくイエスは驢馬にものらず、ひそかにこの都に死を決意して入ったのかもしれぬ。だがイエスの死後、イエスを忘れることができぬ人々はこのエルサレム入場の場面をゼカリヤ書九章九節の言葉に即して、救い主の姿を現す場面として華やかに描きたかったのである。彼等はイエスの無惨な死を目撃し、救い主ともある方がなぜ無惨な死にざまをされたかという問題と対決せねばならなかった。その彼らの苦悩がこういう場面を創らせた。いやそれは創らざるをえなかったのだから真実である。このことは小説家である以上、私は嘘ではないのだと言いたいのだ。」(一三〇頁)

③ガリラヤの大工

「ガリラヤという、小国ユダヤのさらに小さなパレスチナの田舎に育った大工はその短い生涯において弟子たちには遂に掴みえなかったふしぎな師だった。彼が何者であるかを彼等は師の死まで理解できなかった。弟子たちが彼を掴めなかったのは生きている間、われわれが人生が何かを理解しえないのと似ているのかもしれぬ。なぜなら彼は人生そのものだったからである。更に我々が生きている間神を把えられぬように、弟子たちにとってイエスはふしぎな人だったのである。彼の生涯は愛に生きるだけという単純さをもち、愛だけに生きたゆえに、弟子たちの眼には無力な者とうつった。だがその無力の背後に何がかくされているかを彼等が幕をあげて覗くためにはその死が必要だったのである。」（二二一—二二二頁）

ウ・ヨハン・ペスタロッチ『隠者の夕暮れ』[45]

スイスで貧民教育に力を注いで知られたペスタロッチ（一七四六年—一八七七年）の随筆には、彼のキリスト教信仰への情熱がほとばしっている。

「七七　神に対する信仰は人間の本性の最も高い関係における人間感情の情調であり、神の親心に対する人類の信頼する子心である。

八〇　神に対する信仰よ、汝は人類の本質のうちに秘められている。善と悪とに対する感覚と同様に、正と不正とに対する打ち消しがたい感情と同様に、汝は人間陶冶の基礎として、われわれの本性の内部に揺るぎなく確固として横たわっている。

八二　神に対する信仰よ、汝は陶冶された知恵の結果や結論ではない。汝は単純性の純粋な感じであり、神――父ます――という自然の呼び声に耳傾ける無邪気な耳である。

八九　単純と無邪気、感謝と愛とに対する純粋な人間的な感情が、信仰の源泉である。

九〇　永遠の生命の希望は、人類の純粋な子心の中に湧いてくる。しかも神に対する人類の純粋な信仰は、こうした希望がなくては、彼の力の中に生きてはいない。

九八　人間よ、汝の本性の奥底に、真理と無邪気をそして単純とを、信仰と崇敬として聞くものが横たわっている。

一〇九　崇高な自然よ、このようにして汝は、汝の陶冶のうちに私の義務と私の悦楽とを結びつけ、また汝に導かれて人間は味得された浄福より新たな義務へと巡礼する。

一二三　神の信仰よ、汝こそこの希望の力である。

一二八　不信仰は人類の同胞としての地位と同胞としての義務との否認であり、神の父としての権利の誤認と蔑視とであり、対立する暴力の濫用における傲慢な大胆さであり、人類の浄福関係の全ての純粋な紐帯の解離である。

一三五　国民精神における正義と無邪気とに反抗する暴虐と厚顔無恥な僭越心とは、すべての国民衰微の源泉である。だから不信仰が、この衰微の源泉である。

一四〇　罪に対する嫌悪は、神に対する人類の子心の純粋な感情であり、人類の本性の内部における神の啓示に対する人類の信仰の表現でもあれば、またその結果でもある。

一四四　不信仰は、社会のすべての内面的な紐帯を断つ源泉である。

一六一　一切の不信仰は不遜であるが、しかし神に対する信仰、神性に対する人類の子心は、人類活動のいかなる力にも静かな気高さを与えている。

一八〇　神の光は愛であり、知恵であり、また親心である。

一八八　そして神を忘却したり、神に対する人類の子としての関係を誤認したりすることは、全人類における人倫と啓蒙と、そして知恵との一切の浄福力を破壊する源泉である。したがって人類は神に対して、このように子心を失うことは、世界の最も大きな不幸である。というのは、それは神の、父としての教育をすべて不可能にするからである。そしてこの失われた子心を回復することは、地上において失わ

れた神の子たちを救済することである。」（二三一―二二八頁から抜粋、現代日本語に改めた）

（四）神道関係

ア・稗田阿礼・太安万侶『古事記』

①『古事記』と『日本書紀』の違い

「神の道」としての「神道」は、「仏法」のような教理体系や教学理論や修行法を持っておらず、古代から現代に至るまで体系的な宗教文化としてのまとまりがあるわけではない。しかし、八世紀初頭に編纂された日本最古の文献である『古事記』（七一二年編纂）と最初の正史である『日本書紀』（七二〇年編纂）に神話や歴史として神道的神祇信仰の根幹をなす物語が実に面白くもダイナミックに表現されている。

『古事記』と『日本書紀』に記された神話伝承は「記紀神話」などと総称されることがあるが、この二書は大きな違いを持っている。ともに神話や歴史を記録しているとはいえるが、その伝承内容にかなりな異動があるのである。

題目が示すように、『古事記』は『ふることぶみ＝古事記』で、神話や英雄伝説の部分に意が注がれている。特に神話的伝承を記した「旧辞」と歴代天皇の事蹟を記した「帝紀」に焦点が当てられているが、何よりも、伝承の書であり語りの書でなのである。それは稗田阿礼《ひえだのあれ》が「誦習」し口承していたものを太安万侶《おおのやすまろ》が筆録したと『古事記』序には記されている。

いにしえぶりのオペラのような語りの書、それが『古事記』である。そのストーリーは物語性や伝承性が強く一貫性がある。上巻・中巻・下巻に分かれ、最後は推古天皇の世の帝紀で終わっている。「推古」すなわち「いにしえをおしはかる」という称号を持つ女帝の記述で終わっていることは象徴的である。この書は勅撰《ちょくせん》ではなく、あくまでも私的な、秘密文書的な性格を持つ書物である。

にもかかわらず、序文には天武天皇や元明天皇の勅命があったことが明確に記されている。それによると、第四十代天武天皇が各氏族に伝えられている「帝紀」や「本辞」が「正実に違ひ、多く虚偽を加」えているので、その「帝紀を撰録し、旧辞を討覈《たうかく》して、偽りを削り実を定めて、「失《あやまり》を改め」、後葉《のちのよ》に流《つた》へむ」と言って、稗田阿礼に「帝皇日継」と「先代旧辞」を「誦《よ》み習はしめた」という。そして、それから数十年の時を経て、和銅四年九月一八日に、元明天皇が太安万侶に、「稗田阿礼の誦む所の直後の旧辞を撰録して献上せしむ」と勅命がくだったので、これを取りまとめたと記されているのである。しかし、この序文は江戸時代から偽作であることが疑われており、その可能性が高いものである。

それに対して、『日本書紀』は日本の公式文書である。中国や朝鮮半島などの東アジア情勢を意識して書かれた日本最初の公式文書である。それゆえ「日本」という国柄を強く意識して書かれている。稀代の英雄ヤマトタケルについても、『古事記』では「倭建命《やまとたけるのみこと》」、『日本書紀』では「日本《やまと》武尊《たけるのみこと》」と表記されていたことからもそれを知ることができる。

『日本書紀』は「日本」の成り立ちと現代への展開に焦点が当てられている。全体は三十巻に分かれ、巻第一と巻第二は「神代　上・下」とされ、最終巻の巻第三十は女帝・持統《じとう》天皇の事蹟で終わっているが、この『日本書紀』の最後に記録される天皇が「持統」の称号を持つことは象徴的である。それは神代から現代までのつながり＝持統に照準が合わされているからである。

②『古事記』の「高天原」神学と『日本書紀』の混声合唱

本居宣長は『古事記』はいにしえの心をもっともよく表現した大和心

の書だと考えたが、総体的に言って、『日本書紀』の方が遥かに日本的である。『古事記』には高天原を聖なる軸とする明確な政治神学、すなわち「高天原」神学がある。『古事記』には、「高天原」と「天照大御神」を中心とした神学的要請があるが、しかし、『日本書紀』では「本文」と「一書曰《あるふみにいはく》」が併記されているので、そうした神学的一貫性は妨げられ、全体の流れを摑《つか》むことは容易ではない。なぜこれほど多種多様な異伝を内包するような複雑怪奇な書物を作ったのか。『日本書紀』は冒頭部分から読者を混乱させ困惑させる書物である。もし権力が一元的な中央集権制を目指すならば、このような多元的な構造を最初に据えることは権力の弱体化につながるのではないかとさえ思われる。

しかしそれは、逆から見ると、八百万の神々の個性や多声をできるかぎりそれ自体として採録しようとする姿勢の現われでもあり、そこにはさまざまな考えや伝承を汲み取り兼ね備えようと働く、一元性と対極にある八百万的な思考の表出があるといえる。『古事記』には伝承としての、歌物語や叙事詩やストーリーテリングとしての一貫性があるが、『日本書紀』にはポリフォニック（多声的）な混声の響きがある。こうして、日本国家の「正史」は一種の〝混声合唱〟から始まっている。それは神話や歴史書としてはなはだ異形である。このような異形の書を日本は始まりの書として掲げている。それは、中国の王権にも朝鮮半島の王権にもみられぬ特異な神話表現の形態であろう。

興味深いのは、『古事記』は最後の第三十三代推古天皇の事績がたった一行で終わっている点である。『日本書紀』には仏教を取り入れて「憲法十七条」を制定したことがその条文を含めて極めて詳細に記されているにもかかわらず、『古事記』には仏教の「ぶ」の字もない。その『古事記』の仏教徹底排除の思想性に、かえって伝統の発明と新しさを見てとることができるのである。

イ・柳田國男『先祖の話』

①「日本人の自己内省の学」としての日本民俗学

日本民俗学の創始者柳田國男《やなぎたくにお》（一八七五―一九六二）は兵庫県、協力者折口信夫《おりくちしのぶ》（一八八七―一九五三）は大阪、草創期に多大な刺激を与えた南《みな》方《かた》熊楠《くまぐす》（一八六七―一九四一）は和歌山県生まれである。これら、関西に生まれ育った知の冒険家たちが、沖縄や熊野などの南方文化に注目することで日本民俗学を発展させ、神道の伝承文化を新たな観点から照明した。

その日本民俗学を「日本人の自己内省の学」であると規定したのが柳田國男である。柳田は明治四十三年（一九一〇）に『遠野物語』を僅か三五〇部自費出版し、口承伝承文化の記録と掘り起こしを企図した。そして、日本人がいかにすれば幸福になれるかを考えるのが民俗学の課題であると考えた。その柳田國男の弟子でもあり、協力者に折口信夫がいるが、折口は自分の民俗学的な古代研究や国文学研究を「新国学」と位置づけた。戦後、柳田も『先祖の話』や『祭日考』などを矢継ぎ早に出版し、それらを「新国学談」とも総称している。

この日本民俗学の先駆者は、秋田出身の江戸時代後期の国学者平田篤胤《ひらたあつたね》（一七七六―一八四三）である。平田篤胤は日本人の魂の行方や他界観念を実証しようとした民俗学的研究の先達である。

戦後間もなくの昭和二十一年（一九四六）に刊行された柳田の『先祖の話』にはとてつもなくシリアスな危機感とパセティックな感情が渦巻いている。柳田は大正十年（一九二一）、民俗学の草創期から多大な刺激と影響を受けてきた国際連盟事務次長の新渡戸稲造《にとべいなぞう》に請われてジュネーブに渡り、国際連盟委任統治委員に就任した。それにより第一次世界大戦後の世界情勢を間近に、また具《つぶさ》に見てきた柳田は、戦時中すでに日本の「常識」が音を立てて崩れていくことを予見し、その崩落の音を聴いていた。

②『先祖の話』の中の二つの先祖イメージ

柳田は『先祖の話』にこう書いている。「まさか是ほどまでに社会の実情が、改まつてしまはうとは思はなかつた」、「このたびの超非常時局によつて、国民の生活は底の底から引つかきまはされた。日頃は見聞することもできぬような、悲壮な痛烈な人間現象が、全国の最も静かな区域にも簇出《そうしゅつ》してゐる」。そして、「国ごとにそれぞれ常識の歴史がある。（中略）民族の年久しい慣習を無視したのでは、よかれ悪しかれ多数の同胞を、安んじて追随せしめることができない。家はどうなるか、またどうなつて行くべきであるか」と述べている。

この「常識」とは端的に言えば「家の問題」であり、「死後の計画」や「霊魂の観念」と関わり、結局は先祖祭祀の問題に帰着すると柳田は考えた。そして、その先祖祭祀がどうなってしまうか、深く懸念した。

そこで彼は『先祖の話』を書き、「故人はかくのごとく先祖といふものを解してゐた。またかくのごとく家の未来といふものを思念してゐた」ということを国民一般に示そうと企図したのである。

柳田によれば、先祖理解に二つの道がある。一つは文字から理解する道。その道に至ると、先祖とは「家の最初の人」とか、「大へん古い頃に、活きて働いてゐた人」のこととなる。が、耳から理解する道を辿った人は、「先祖は祭るべきもの」、「自分たちの家で祭るでなければ、何処も他では祭る者のいない人の霊、即ち先祖は必ず各々家々に伴なふもの」と考えるという。先祖という語にまつわる視覚イメージと聴覚イメージの明白な違いにまず柳田は注意を促す。知識人は文字を通して先祖を〝理解する〟が、文字の読めない「常民」の多くは、耳から届く音、すなわち聴覚イメージで先祖を〝思う〟のである。

柳田の『先祖の話』はそこから入って、「生まれ替り」の思想の吟味で終わる。なぜ最後に「生まれ替り」が問題となるかというと、それは日本の「家」が、先祖祭祀と生まれ替りによって連綿と受け継がれ連続性を保ち、また支えられていることの証明となるからである。柳田は日本の「家」の存在証明・存続証明をしたかったのである。柳田は述べている。「生人の今はの時の念願が、死後には必ず達成するものと思つてゐた」、「是によつて子孫の為に色々の計画を立てたのみか、更に再び三たび生まれ代つて、同じ事業を続けられるもの〻如く、思つた者の多かつた」、「最初は必ず同一の氏族に、また血筋の末にまた現はれると思つてゐた」、「祖父が孫に生まれて来るといふことが、或は通則であつた時代もあつた」と。いわゆる、仏教的な厭世観や輪廻転生ではなく、同一の「子孫」や「氏族」や「血筋」に三度生まれ替わって家の「同じ事業」を継承・継続していくという「先祖教」の存在を柳田は強調した。

この柳田の先祖論ないし先祖教は、①神論――神とは何か、妖怪とは何か、②他界論―山上他界、山の神・田の神、③日本人論―日本人はどこから来たか、④常民文化・民間伝承論―文字なき人々の基層文化、⑤祭り論―祭日、祭場、祭儀、⑥神道論―神社神道、神社非宗教説批判（「神道私見」）、⑦新国学論―日本という国のアイデンティティ、⑧都市民俗論―都市の中の文化変容、⑨農政論―日本の村落の現在と未来、家郷共同体、地域文化振興と密接につながっている民俗の根である。そして、そのことをはっきりと自覚することが「日本人の自己認識の学（自己省察の学）」にして、「日本人の幸福の実現の学（経世の学）」としての日本民俗学であった。しかし、この柳田國男の言う「常識」は今やどうなってしまったのか。家の存続原理にして氏族の救済原理としての祖先祭祀はもはやわたしたちのたましいの平安をもたらすことはないのだろうか。柳田の警告と叫びをわたしたちは今どんな耳で聴き取ることができるのだろうか？

ウ・折口信夫『古代研究』

折口信夫は、大阪府西成郡木津村に生れ、天王寺中学校同級の武田祐吉とともに國學院大學入学、明治四十三年（一九一〇）卒業後、大阪府立今宮中学校の教員（国漢担当）となり、民俗学に興味を持ち、『三郷巷談』を柳田國男主催の「郷土研究」に投稿するようになる。

①折口信夫の「マレビト」論

その折口信夫の代表作が『古代研究』全三巻である。そこで、折口は、彼独自の「マレビト」神学を樹立した。こうして日本民俗学の変革者となる折口は、国文学と民俗学と文芸創作を融合していく。『古代研究』三部作は「国文学篇」と「民俗学篇」に分かれ、そこで「まれびと・他界」論を構築した。国文学研究から出発した折口にとって、歌はどこからやってくるのか、日本の文学はどのようにして発生したのかは根源的な問いであった。

始源の問いにとり憑かれ、詩＝歌＝文学＝芸能が魂の世界からやってきて、「鎮魂（たまふり・たましづめ）」のわざを発揮すると捉えるようになる。「私は、日本文学の発生点を、神授（と信ぜられた）の呪言に据ゑて居る」（「国文学の発生」第四稿『古代研究』1）と述べ、文学の発生は「まれびと」の発する呪言にあると喝破《かつぱ》した。昭和四年（一九二九）に『古代研究』を出版した時、「追ひ書き」の中で、民俗学的方法を駆使して「新しい国学を興す」ことを宣言しているが、折口には河野省三《こうのせいぞう》に代表されるような、哲学的な思弁を凝らし倫理的な道を謳う国学＝神道学に根深い不満があった。その方向では日本の「詩＝歌」の心が理解できないどころかねじまげられていくという危機感であった。そのような危機意識をもって、折口はこの文章を若い人たちの中に混じって書き発表する自分を「老いらく」と位置づけ、それを「気味わるいまれびと」と自嘲的に表現している。端的には、この「気味わるいまれびと」とは折口信夫自身である。そしてこの「気味わるいまれびと」が主張するのは、第一に「歌よみ」の復権であった。折口は言う。「先達諸家は、殆どすべて歌よみであった。小説を作つた人もある。狂歌・雑俳に堪能な人もある。但《ただ》、本道の芸術家として許される人と言へば、五本の指にも足らぬ数である」と。そして次のように力説する。「哲学者であり、歴史家であることが、国文学者の第一の資格だときめるのは、ちよつと待つて頂きたい。其なら、私も条件を持ち出さして貰ふ。まづ第一は、創作家でなくてはならぬ、と言ふ箇条を書き添へて欲しいものである。」

②歌詠みになって言霊を操れ

折口はまた、「文芸に携《たづさは》る者は、まづ何をさし措いても、鑑賞力を養はねばならぬ」と言い、その「鑑賞力を積む第一の手段は自分で生みの苦しみを体験して見ることとである」と主張する。「生みの苦しみ」とは創作の苦しみのことであり、その醍醐味を身をもって味わうということである。こうして、自分の特異性を表す言葉としても使うことのあった「まれびと」の語が、大正十三年の「国文学の発生」（第二稿）になって初めて学術的な分析概念・説明概念に昇華される。「国文学の発生」（第二稿）はきわめて論理的な構成になっていて、「呪言の展開」、「巡遊伶人の生活」、「叙事詩の撒布」の順に論述されるが、それは正確に日本文学の発生機序についての説明となっている。神授の「呪言」が「ほかひ」「よごと」「のりと」「まじなひ」に分化する。この始まりに「まれびと」が位置し、その「まれびと」の発する言葉が元となって「巡遊伶人」に受け継がれ、「叙事詩」を伝えていくことになるのだが、第二稿ではしかし「まれびと」は、「室《むろ》ほぎに来る正客」としての「神の身替り」とされるが、それ以上の位置づけは未《いま》だない。とはいえ、その何《いず》れにも「言霊」の信仰が脈打っていた。折口によれば、「ことだまは言語精霊といふよりは寧《むしろ》、神託の文章に潜む精霊である。／さて、言霊のさきはひと言ふのは、其活動が対象物に向けて、不思議な力を発揮することである。辻占の古い形に『言霊のさきはふ道の八衢《やちまた》』などゝ言うて居るのは、道行く人の無意識に言ひ捨てる語に神慮を感じ、其暗示を以て神文の精霊の力とするのである。要するに、神語の呪力と予告力とを言ふ語であるらしい」とされる。言霊信仰を抜きにして神話も文学も理解することができない。

その言霊を発する存在が「まれびと」なのである。それは神話と詩の根元を司る者の概念である。これが昭和二年に書かれ、後の『古代研究』第一巻の冒頭に置かれることになる「国文学の発生」（第三稿）で、「まれひとは来訪する神」と位置づけられることになるのである。これによって詩の神的発生源を折口は掴み取ったのである。そして、その神道論は戦後の神道世界宗教論を含め、未来への示唆的で深遠なメッセージを含んでいる。

エ．益田勝実『火山列島の思想』

益田勝実《ますだかつみ》（一九二三―二〇一〇）は、日本の宗教文化の根幹に火山列島である日本の地理的条件と風土を見た国文学者である。彼の代表作の『火山列島の思想』（筑摩書房、一九六八年、『益田勝実の仕事2』ちくま学芸文庫収録）も『秘儀の島』も、ともに壮大な幻視的なヴィジョンを垣間見せてくれる。書名ともなっている論考の冒頭は、「日本の神々がどこから来たかは、日本人がどこから来たかの問題である。そういう比較神話学的な問題の立て方に対して、わたしは片手落ちのようなものを感じている。同時に、この日本でしか生れなかった神々、この列島生えぬきの神々のことも重視すべきではないか」という問いかけから始まる。

①火山列島の神・大穴持の神

この問いに導かれるようにして、益田は「列島生えぬきの神々」の中で、「オオナモチ」とか「大国主」とか「天の下作らしし大神」と呼ばれている「日本固有の神」に探りを入れてゆく。すると、そこに火山の活動の影が見えてくる。例えば、「大隅《おおすみ》の国の海中に神ありて、島を造る。その名を大穴持《おおなもち》の神と曰ふ。ここに至りて官社となす」。益田はこうした事例から「海底噴火の神がオオナモチと呼ばれた」と推測し、それは「大きな穴を持つ神」であり、「噴火口を擁する火山そのものの姿の神格化以外ではない」と断じ、「今日南九州一円を貧困に縛りつけているシラス地帯の一角で、その神はシラスを噴き浴びせる猛威の神として、生きた姿で暴れていた」となまなましくその荒ぶる神の姿を描き出す。益田によれば、オオナモチとは、「大穴持の神として、この火山列島の各処に、時を異にして出現するであろう神々の共有名」で「火山の国に固有の神」ということになる。とすれば、「ダイコクさまは、噴煙を濛々とあげ、火の灰を降らす火山神」なのである。

さらに益田は、「原始・古代の祖先たちにとって、山は神であった。

山が清浄であるからではなく、山が神秘不可測な〈憤怒〉そのものであったからである。山は、まず火の神であることにおいて、神なのであった。この自明のようなところへ、日本の神道史学の山の神の探究をもどしたい」と狼煙《のろし》を上げる。

この「山の神」の研究には、第一に、「収穫期の後、田の神は山へ帰る」という「民俗学の方向からの民間信仰研究の成果」があり、第二に、「多くの村落の里宮には、奥宮である山宮があり、神はもと山に天降ったのを、里に招き寄せるようにしたらしいことと、もうひとつ、山そのものが御神体の神社が少なくない」という「民俗学と神道史学の神社研究の方からの成果」があり、第三に、「日本には山頂に天降る神と海辺へ寄りくる神の二つのタイプ」があり、朝鮮・満州などアジア大陸の近隣地域の伝説の分布との交渉過程も考えられるという「比較神話学的研究によるもの」の三つがある。

②日本の神道は恐れと慎みの宗教

益田はそうした先行研究に不満を漏らし、「〈火の山〉は流動的な生き方をしている。時あってか、神秘な憤怒――〈神の火〉によって、神の姿を現わす。日本の神の特質は、多くの主要な神々に常在性がない、と言うことだろう」と日本列島の神の原像を洞察する。そして神道についても、「日本の神道は恐れと慎みの宗教であり、客体として対象化されるべき神の面よりも、禊《みそ》ぎ、祓《はら》い、物忌みして斎《いつ》く人の側に重心がかけられている、いわば主体性の宗教である」と見てとる。

そして、最後に、「神の出生も、その名の由来も忘れることができる。人間社会の生産力の発展、自然との対抗力の増大が、それを可能にした。しかし、その忘却の過程において、人々は、生みつけられた土地の神の制圧下にその精神形成のコースを規制されてきた。火山神は忘れられても、日本の火山活動が活発であった時代に、マグマの教えた思想、マグマの教えた生き方は、驚くほど鞏固《きょうこ》にこの列島に残っていったらしいのである」と結び、火の神のメッセージを伝える古代のシャーマンのような様相を呈して去っていくのである。この「火山列島の思想」のメッセンジャー益田勝実の洞察は、「3・11」後の放射能に汚染された日本にあってシリアスかつ切実に突き刺さってくる。

註

37 イブン・アルジャウズィー『随想の渉猟』は大部の書物だが摘訳したのが、拙訳『黄金期イスラームの徒然草』水谷周編訳、国書刊行会、二〇一九年。

38 アフマド・アミーン『溢れる随想』全一〇巻、より摘訳したものが、前掲書『現代イスラームの徒然草』。

39 澤木興道『禅に生きる』誠信書房、昭和三一年。

40 中野環堂『観音の霊験』有光社、昭和一五年。『観音全集』全八巻の第三巻。

41 勝平大喜『歓喜のこころ』松江市奥谷町万寿寺内静坐会発行、昭和四八年。

42 The Practice of the Presence of God, Conversations and Letters of Brother Lawrence, Oxford, One World, 1999. Page 7, 17.

43 トマス・ア・ケンピス『キリストにならいて』岩波文庫、一九六〇年。

44 遠藤周作『イエスの誕生』新潮文庫、一九八二年。この他にも、『キリストの誕生』、『死海のほとりから』などは、姉妹作と言える。

45 ヨハン・ハインリッヒ・ペスタロッチ『隠者の夕暮れ』岩波文庫、一九四三年。戦時中の酷い紙質の用紙に印刷されているが、当時の時代状況の中、よくこのような書籍が出版されたものだと感動を覚えさせられる。

第五章　イスラームが問いかける日本のあり方

イスラーム諸国を訪れ、あるいは在日のムスリムたちと会って話をすると、かれらにとって日本はいくつもの驚きと疑問の泉である。自然と宗教や文化のテーマが多くなるが、そうした声を通してかれらの考え方を知り、また逆に日本のあり方を思い直す機会にもなる。以下は、そのような諸側面を紹介するものである。

（一）無宗教なのに、高い道徳意識

日本には神道や仏教他、実に多様な宗教各派があるし、多数の宗教行事にも事欠かない。それでも一般にイスラーム諸国の人々には、日本社会の宗教性は希薄であると映っているのである。その大きな原因としては、特に若い世代の間で宗教に関しての真剣な話し合いもできないことがある。あなたの宗教は何かと質問しても、まともに回答する人はほとんど見当たらないこともあるだろう。

もちろん酒や豚肉などイスラームで禁止されている飲食物が溢れんばかりであることもある。しかしそれはイスラーム国でない以上仕方ないと、初めから理解されて、いわばあきらめがついているのが普通である。

他方、日本人は親切であり、礼儀正しいことが大半のケースであり、実に印象深いものがあるとする。それは時には、イスラーム諸国の平均を上回るほどだと言って称賛するのである。それは社交辞令ではなく、実感を率直に物語っていると理解して差し支えない。それほどに多く耳にする評価であるからだ。

ところでここで一考しておきたいことは、イスラームから見れば日本は宗教が低調であり希薄なのに、どうして道徳性が高いレベルで維持されているのかという疑問である。つまり宗教と道徳の二者が連動して理解されるところに、イスラームの特有の観念が働いているということである。イスラームでは、「信仰すれば、すなわち正しくあれ」という預言者の言葉が残されて、それがイスラーム道徳の原点に位置付けられている。要するに、信仰する者は、道徳的であることが義務化されるという意味で、両者は表裏一体の関係にあるのである。

それは、誠実さ、正義、禁欲、慈悲、寛容、感謝、忍耐など、すべての徳目を包み込んでいる。それらは実は、バラバラの事項ではなく、アッラーへの誓約という一本の枝にたわわに実る果実のような関係なのである。そこで信仰という中軸が弱くなり、機能しなくなるとすれば、自然と道徳律も脆弱なものにならざるを得ないという関係にあることは、明らかであろう。

日本では宗教の支柱はあまりないようだが、どうして道徳律がしっかり維持されているのかという疑問が自然と生じて来るということになる。しかしこの点に関する質問を出されても、直ちに明快な回答を与えられる用意は通常の日本人にはないと言わねばならない。

もちろん日本の倫理道徳も、その背景には遠くは神道の清純さ、誠実さなどがあったのであろう。また特に江戸時代を通じて強調された儒教教育も、日本人一般に深い影響を与えた。武士階級だけではなく、町人や農民階級にもそれは浸透させられた。さらには、明治維新以降も学校教育の指針の一つであった。当時の教育勅語には、忠臣愛国などなど儒教的な美徳が並んでいた。長い儒教教育の風潮だけは、敗戦後も一気に破棄されることなく、家庭に学校に、そして日本企業などにも温存された面が少なくなかった。この点が、宗教一般が社会的に疎外されたのと異なった事情であったと言わねばならない。

以上のように儒教を中心とした日本の倫理道徳の状況を説明するのは異論もあるだろうし、万能でないことは多くの議論と同様である。しかし一つの試論であり、一つの理解である。著者はそのような限界を付けながらも、必要に応じてイスラームの人たちには説明をすることとしている。[46]

宗教と道徳の分離、そして宗教の社会的な疎外という敗戦後の日本の背負った大きな課題が、いわばイスラームからの疑問により浮き彫りにされているとも言える状況である。ただしここでいったん小休止して、多少の議論の穴埋めをしておきたい。第一には、実は日本の道徳状況は深刻な局面にあるということである。だからこそ、戦後七〇年にして初めて道徳が学校の学科として復活されたのである。その教科書をどうするか、道徳の教員を再教育する必要などが、自然と惹起された課題であった。

第二の穴埋めは、イスラーム諸国で宗教意識は高いものがあるとしても、道徳性はあまり感心するほどでないのか、という設問である。だからこそ、多数のイスラーム諸国の政治社会事情は混迷しており、悲惨で非人道的なニュースも日々流れてくるのではないのか、という問題である。実際この道徳性希求の問題があるからこそ、かれらは日本の道徳性に感心しているという因果関係もある。またアラブ諸国の幾多の書店を訪れても、実に多数の道徳書が出版されている様子は、日本の出版界とは大きく異なっているのだ。

第三は、日本は本当に宗教的でないと言い切れるかどうかである。これはもちろん用語の定義の問題である面も強い。ただし少なくともここで低調と言い、熱意に欠けて希薄であるとするのは、イスラーム諸国の人たちの期待値に沿っていないということである。そう言いつつも著者自身も、現代日本の宗教はまるで低堕落だと痛感していることは間違いない。宗教の十全な力量を発揮するように認識を改め、また教育上も慣行上も改革しないと、戦後日本という精神的に特殊な時代状況を抜けきれないと信じているものである。

以上総じて、「日本は素晴らしい科学技術の国であり、発展した先進国だ。しかし残念ながら宗教は希薄である。他方、驚くほどその道徳意識は高い。」こういうほとんどすべてのイスラーム諸国の人たちの率直なイメージに戻ろう。そこで最後に残される疑問は、日本人の心にあるのは、科学に究極的な信頼を置くという科学信仰ではないのか、ということになる。イスラームでは人間の義務は可能な範囲で理性を働かせるが、それを越えたところに絶対主がおられて、すべてを支配されているというイスラームの教義と対比されることとなる。ただしこの理性と信仰の関係はいわば近代文明全体に関係する問題であり、対日本人だけの問題ではないので、ここではこれ以上の議論は控えることとしたい。

(二) 自殺の日常化と生きがい

かつて日本の自殺件数は、世界でも一番という状況であった。しかしその後、政策的な対処も図られ、駆け込み寺的な制度も設けられて、その事態は何とか軽減されてきているようだ。ただしそれでもいまだに、五本の指には入るようである。

そしてイスラーム諸国の人たちも含めてわれわれ日本人自身も驚かされるのは、自殺が日本社会では日常化していると思われることである。通勤電車に乗っていると突然停車して、やがて車内案内で人身事故の処理のため、ご迷惑をお掛けしていますというアナウンスである。こんな朝を過ごした人は、珍しくないであろう。しかもそのような時に、車内の乗客たちの反応は実に平然としていて、せいぜい忙しそうに携帯電話で出社の遅刻を連絡し始めるだけである。通常一時間は事後処理にかかるようなので、その間まんじりともせずに大半の乗客は耐え忍んでいるのである。われわれの身近に日常的に生じている自殺の現場、というのは、何とも心に悪寒が走るのを覚えさせられる。

他方、イスラーム諸国では自殺の話はほとんど聞かないし、そのような事案が新聞で伝えられることも稀である。実際に自殺事案というようなケースを想定すること自体、イスラーム社会を背景にすると、ほとんど似つかわしくないのである。その主要因は何といってもイスラームの原典であるクルアーンにおいて、何回も自殺が禁止されているということがある。

「信仰する人たちよ、あなた方の財産を、自分たちの間で不正に浪費してはいけません。ただし互いの合意による商売上の場合は別です。またあなた方自身を殺してはいけません。」（女性章九：二九）

「アッラーが侵してはならないとされた生命を、正当な権利なくしては殺してはいけません。」（夜の旅章一七：三三）

そしてこの自殺厳禁の背景にあるのは、人の命、あるいは全存在の生命はアッラーの創造によるものであり、それを人の手で殺害し、亡きものにすることとは命の尊厳を冒し、主の専権に背くことになるという教義であり、信仰であり、信念である。それは日常感覚の一端ともなっていることに、多くの説明は要しないであろう。

イスラームからすれば、日本のように科学技術が進み豊かで治安もいいのに、どうして自殺が多発し、軽々しく扱われるのかが不思議なのである。結局はやはり無宗教のなせる業かという結論を導くこととならざるを得ない。

以上とほぼ同類の疑問は、どうして日本では生きがいは何か、という議論が盛んなのかということである。人々は生きがいを求めているということが、いぶかしく思われるのである。イスラームでは生きがいという用語はないが、それは生きる目的として表現される。この生きる目的はほとんど議論を要しないほど、明々白々なのである。それは最後の審判において地獄行きではなく、楽園への約束を取り付けるための、善行を積み上げることに尽きるのである。どれほど善行に励もうがこれで十分というものはないし、それは人に見られているかどうかとは全く関係ないし、いつどこであってもきっちりと清算されるのが主のお仕事なのである。

これほど人生の目的が明示されると迷うこともなくなるし、一つ一つの言動に根拠が確かめられることとなり、生活感覚も揺るぎないものとなってくる。ちなみに日本では、しきりに看取りの方法ということも議論されている。高齢化社会でますます盛んな分野であるようだ。イスラームではこれも簡単直截であり、最善の看取りであり、ケアの方法は、クルアーンを読誦することである。一般的に各種の用途に応じて、リズミカルな独特の読誦法も昔から伝えられてきた。その他、多数の預言者伝承を読み聞かせることもあるし、イスラームの教義を伝える逸話も潤沢である。それらを耳目にするだけで、十分の癒しとなるというのが、イスラームであると言える。

イスラームの死生観としては、すべてがアッラーに創造されたということが出発点となる。

「アッラーこそはあなた方を創造し、糧を与え、それからあなた方を死なせ、さらに生を与えた方です。あなた方（多神教徒たち）の神々の中で、これらの一つでもできるものがいるのですか。かれに賛美あ

れ。かれはかれらが同位に配するものより、はるか上に高くおられるのです。」（東ローマ人章三〇：四〇）

「かれこそは六日の間に諸天と地を創造した方で、（それ以前に）かれの玉座は水の上を覆っていました。それ（諸天と地の創造）は、かれがあなた方の中で、誰が最も行ないに優れているかを見分けるためにあります。でもあなた（ムハンマド）が、あなた方は死後復活するのですと言えば、非信者たちは、それは明らかに魔術にすぎないと言うでしょう。」（フード章一一：七）

こういった文言は、クルアーンには充満している。それほどにアッラーによる死と生の創造が、すべての出発点であるということ、そしてそれこそは多神教徒との明確な分岐点となるということである。

以上のような日本の自殺の問題や生きがい探しの課題を反映するよう

に、日本ではそれらのテーマに関する多数の書物を、図書館でもネット上でも目にすることができる。それと比較すると、イスラームの出版物はこの分野では僅少であるのだ。それよりもイスラームで盛んなのは、幸福論である。人の真の幸福とは何か、そしてそれはどのように達成できるのかといった諸問題である。

イスラームの究極の幸福感は、「至福（トゥーバー）」と称されて、それは天国で経験することとなる永遠の安寧である。それを自分のものとすることがすなわち幸福であるが、そのためには最後の審判を無事通過すること、すなわち日頃より善行に励むしかないという結論が導かれることとなっている。イスラームの美しさはその単純明快なことにあると、公言されることしきりということになるのである。

（三）譲位する天皇と従順な国民

天皇が自らの意思によりその地位を譲り渡すこととなったのは、何とも驚きなのであった。さすが日本というのか、こんなことはあり得るのか、といった驚嘆である。自らの権限を放棄することになるのだが、それはイスラームの伝統にはなく、少しばかり想像を超える現象でもあったのだ。

イスラームの伝統的な支配者像は、宗教の長でもあるカリフという現世と来世の両世界を指導する姿であった。形式的なカリフ職は、一九二四年、オスマン帝国の崩壊後に廃棄され、その後復権の画策は他のアラブ諸国ではあったが、結局実現はされていないままである。そしてそのカリフは、預言者ムハンマドの直後より四代継続されたものをスンナ派では正統カリフと称しているが、かれら四人とも譲位どころか、政争に巻き込まれて殺害される運命となった。その後は、世襲制などが導入されたが、跡取り問題が常に生じて、歴史の浮き沈みを形成してきたことは、想像に難くない。

譲位するというような意思決定を促す環境とは、どのようなものなのか、イスラーム諸国の人々にとってはにわかには信じられないといったところなのである。公務の激しさを避けて、静かな余生を過ごしたいという自然な気持ちのなせる業であった。またそのように理解するのが、大半の日本人の反応であった。

しかし他方で、そう言えば日本国民も何ともおとなしく、従順と性格づけられるのではないだろうか。多分それはイスラームの人たちを待たなくても、われわれ自身で判断できることである。

江戸時代の農民一揆の歴史はあるものの、近代に入ってからこの方、ほぼ一五〇年間、日本では大規模な暴動や市民反乱の事例は起こらなかった。二・二六事件という一部の若手将校による軍事的な反乱、一九六

○年代や七○年代当初の安保条約反対運動もあったが、それにしても学生中心で場所的にも国会周辺や大学構内といったところであった。とても動乱の規模ではない。そして著者自身も経験した七○年の安保闘争の時には、実際に参加している連中のなかでも、何のためにしているのか、結局どうなるのかというあきらめムードは、初めから顕著であったことをはっきり記憶している。

周囲の人たちとの関係で荒立てないという協調性や同調圧力に関しては、日本は相当伝統的なものがあると言えよう。文学においても、鴨長明の『方丈記』には「ゆく河の流れは絶えずして、しかももとの水にあらず。……世の中にある人とすみかと、またかくのごとし。」とされたことはあまりに周知である。また夏目漱石も『草枕』において、「智に働けば角が立つ。情に棹させば流される。意地を通せば窮屈だ。とかくに人の世は住みにくい。」と、その小説の冒頭で主人公の人生観を紹介した。

こうした日本文化の底流があり、長い物には巻かれろ、寄らば大樹の陰といった保身のための日常的教訓にも事欠かない。そこから誕生する指導者の大半は、周囲との関係性を最重視する調整型である。学校教育でも個性の育成よりは協調性の強調であり、「和を以て貴しとなす」との教訓が、聖徳太子以来未だに学校教育指導要領の中で生きているのである。静かで従順、そして素直が良くて、自己主張や異論はうるさい、それは自己中心的で私益重視あるいは自己顕示欲過剰と、人物評価は二分化されがちである。

一方イスラームでも、やはり従順さは美徳として挙げられる徳目である。忍耐や節制なども同様である。また現世への執着も戒められている。

「現世の生活は、遊びや戯れにすぎません。しかし（アッラーを）意識する人には、来世の住まいが最善です。あなた方は理解しないのです

か。」（家畜章六：三二）

「富と子供は、この世の生活の虚飾です。でも永遠に残る善行は、あなたの主（アッラー）の御元では、最善の報奨となり、また最善の希望となるのです。」（洞窟章一八：四六）

しかしそれらと同時に、イスラームで際立つのは、不信仰者への拒絶であり、異議表明の勢いである。政治的にも財政的にも国民を納得させられない指導者は、その失策により国民の当然の権利を侵しているのであり、それは本来アッラーのものであった権利や財産に対する不正義であるということになる。それはアッラーに対する不義であり、言い換えればそれは、不信仰でもあると位置づけられる。そうなると断然その指導者は、拒否し、抵抗し、放逐すべき対象と化すのである。それはすなわち、反乱であり、革命の論拠となる。

歴史的な議論としては、謀反による社会の混乱の損失は甚大であり、したがって一般には反乱は避けるべしと教えられるのが多かった。それが幾度も投獄の憂き目にあった、社会活動家でイスラーム法学者であったイブン・タイミーヤ（一三二八年没）の教説でもあった。しかしそれはそのように教えることで、頻発する暴動を回避させようとする努力でもあったのだ。つまりそれほどに、動乱が頻発する傾向があったということになる。

こうして抵抗し、異議を唱える論拠や原理を内蔵しているのが、イスラームであるから、日本の伝統にそれらが大きく欠如しているのとは、真逆であると言わなければならに。つまり判断基準として周辺事情という相対的なものが日本であるとするならば、イスラームのそれは協調的な他律主義ではなく、是非善悪の絶対的な基準があるということにもなる。だからイスラーム諸国は反乱や暴動、そして革命の連続によってその歴史が彩られているのだ。また二〇一一年以来の、いわゆる「アラブの春」の経過もそのようなレンズを通して観察されて、語られることとなった。

ところが絶対的な基準とは言っても、実際のところ具体例に即して考えてみると、何が絶対的というべきかは、判然としない。何とも隔靴搔痒《かっかそうよう》の感ありで、歯切れが悪い結果とはなる。ある場合には反乱となっても、別の場合にはそうはならないからである。しかしここでのポイントは、当人たちが絶対的と考えるのかどうか、ということである。精神的に強靭な基盤が提供されるかどうかである。イスラームには、そのような跳躍台が準備されているということになり、日本の伝統にはそれはなかったということである。それだけ分、従順でおとなしい国民性になったとも言える。

ちなみにアラビア語で革命のことはサウラというが、それは立ち上がる、逆らう（サーラ）という動詞から派生している言葉である。そしてその用語は、訳し方次第だが、革命や反乱や暴動など、あらゆる抵抗活動に使用され得る用語でもある。つまり何であれ、不正との戦いに広く使用される、汎用性のある言葉も準備されているということになる。

(四)「旅立つ前の、伴侶選び」

標題の「旅立つ前の、伴侶選び」は、アラビア語の諺《ことわざ》である。旅はタリークであり、伴侶はファリークなので、語呂合わせになっているところが味噌である。砂漠での厳しい旅を思えば、伴侶選びは生きるか死ぬかの深刻な問題であることも想像し理解できる。そしてこの研ぎ澄まされた生き残り感覚が、中東のイスラーム諸国に今も息づいていることは忘れられない。

日本は長く、中東イスラーム諸国の旅の道連れであった。特に七〇年代の石油危機以降は、日本の不動の外交方針として、かれらとの友好関係増進が掲げられてきた。また中東の側にとっても、日本は先進諸国の中でも貴重な非欧米勢力であり、西に対抗する立場の東の友人として一目を置き、頼りにする気持ちも維持されてきた。それは、日露戦争の勝利以来の、日本評価にも基づいていた。

ところが昨今は、この双方にとって伝統的とも言える友好関係の蓄積に陰りが見られるようになっている。いわば長年貯めてきた貯金が切れ始めているのである。

その第一の原因は、日本はパレスチナ問題を中心とする中東和平問題では、アラブ寄りの立場を維持することで、欧米諸国を先導する立場を維持してきたが、どうもこの梃子が利かなくなってしまったという事情である。イスラエルと共にパレスチナ国を承認して、二か国併存を正面から認めるのが国際社会の平均値になったので、それまでパレスチナ政府を認めさせるとの立場で先導してきた日本の出番がなくなってしまった。またそれ以上に、エジプトに加えて湾岸諸国を中心に、アラブ側がイスラエルと国交を樹立し始めるに至ったのである。日本の先導役は、その基礎を失ったということになる。

またイラン関係でも、融和政策により対欧米の橋渡しの役目を果たしている面があった。しかし欧米のイランとの核合意締結により、その役割の価値は消失してしまった。もちろん右合意を巡っては、米前トランプ政権の拒否から現バイデン政権による復帰という大きなブレを見ているので、まだ完全に落ち着いたわけではない。

第二の原因は、日本は平和主義を掲げて世界的に軍事進出を避け、長く軍事的手段は国際関係の舞台では放棄してきたのであった。しかしそれもなかなかそうばかり言っているわけには行かなくなったという事情である。九〇年代初頭の湾岸戦争においては、米国に迫られて軍費を負担したが、「小さすぎて、遅すぎた」と酷評されてしまった。それではとばかりに、一〇年後の米国の対イラク戦争においては、「軍靴を地上に」という要請に直面して、直ちに自衛隊をイラク南部に派遣することとなった。ちなみに、これらはいずれも中東であったことも特筆される。つまり日本の世界における軍事進出の二度にわたる初陣は、二度共に、遠距離にある中東を舞台としていたというのには、運命のようなものを感じさせるのである。

特に日本の軍事的な関与が取りざたされることとなったのは、二〇一四年以来の、日本の集団的自衛権承認の政策表明以来である。日本単独の自衛権の存在自体が、当初は憲法解釈の問題として議論された。しかしそれは当然の国家に不可分の権利として速やかに国会でも認められ、自衛隊設立の基礎となってきた。しかし今度はそれを拡張して、集団的同盟関係にも適用可能であるとの解釈が打ち出されたのである。これは当然日本の軍事的関与の可能性を飛躍的に拡大するので、日本の軍国主義復活ではないかとまで言われて、大騒ぎとなったのであった。また同時にこの可能性は、対米従属という姿でもあったので、中東との関係ではそれ自体も問題視された。

というのは、米国は中東では決して友人とはカウントされず、敵の友は敵という立場に日本が置かれることとなったからである。敵と味方というように、白と黒に短絡的に二分してとらえるのは、輻輳する国際関係では必ずしも適切ではないことが多いが、中東の発想パターンとしては残念ながらそれは珍しくない。あるいは、日本でも一般的にはそのような思考パターンはしばしば見られるのである。中国という超大国に向かう際には、対米従属の姿は日本の立場を強化するとしても、中東では全く逆だという、非対称性に留意しておく必要があるのだ。それは日本の利益にとっては、マイナス要因なのである。

以上のように、日本の対中東友好関係維持に機能してきた二つの梃子を失っているというのが現在の状況である。

一方、中東諸国の方から見ての対日信頼感や期待感が直ちに失われているという兆候は、未だ見られていないと言える。また日本は軍国主義に戻ったというような誤解も生じてはいない。ただ欧米に対する疑念や恨みの歴史は、植民地主義よりはるか以前の、十字軍との戦いや、さらにはギリシアのアレキサンダー大王のペルシア遠征以来の歴史がある。それは中東の存立基盤となっているとさえ表現できるほどに、根が深いものである。それだけに東郷元帥への称賛が、今でも小学校の教科書に出てきたり、歌に歌われたりするのである。トルコでは、自分の子供にトーゴーと命名している人もいるという。しかしもちろんそれも時と共に放置すると逓減し、やがて有効期限を過ぎることとなるのは言うまでもない。歴史の貯金もいずれ残高に限界はある。

それではは日本はこれからどうするのか？一向に羅針盤ははっきり示していないようである。当面は新型コロナ感染症のために、国内だけでも方向性が確かではないので、ましてや遠国の中東地域との関係性にまで配慮が行き届かないのは仕方ないのかもしれない。しかし現地事情は日々動いているし、距離的に近い欧州諸国や米中露といった伝統的な外国勢力の関与も、休みを知らない。今は白紙であり、ある意味での凪の瞬間かも知れないが、それだけにそれは危険で一杯という状況であることを、明記しておく必要がある。

当然どう考えても、日本には友好関係増進以外には選択肢はないし、その中で欧米とは一線を画しつつ独自性を保持するという立場に利益を見出すことも変わりないだろう。また軍事的手段ではなく、ソフト・パワーにこそ日本の強みを見出すことも変わりない。ただしそのような原則論だけで終始していられないのが、世界の舞台である。新たな貯金の手法を具体的に考案する必要に迫られているのが、今日の状況なのである。

（五）これからの日本

ア・イスラームは？

現在のところ、日本のムスリム人口は約二〇万人と見られるが、そのうち日本人は約五万人とされる。そしてそれはかなり増加しつつあるところが、他の宗教と異なる点である。その原因は、そもそもムスリムは子供の数が多いことがある。またムスリム労働者が海外より多数日本国内に移住していることもある。特に昨今は、東南アジア諸国が多いようだが、かつてはイランやパキスタンからも多数あった。

日本国内の外国人ムスリムたちは、一様に住み心地の良さを語っている。それは特に欧米から移ってきた人たちである。日本人の当たりの柔らかさや、表立っての差別的な現象が少ないことが考えられる。そして日本に移ってきた新参ムスリムたちは、日本人女性と結婚することを望むケースが少なくない。長期の滞在許可が下りることもあるだろう。同時に離婚の話も少なくないが、その後彼らの滞在許可証はどのように扱われるのだろうか。不法滞在という場合もあるのだろう。

いずれにしても、住み心地が良いというのは、聞いて悪い気はしないものだ。彼らの間の生活扶助的な感覚はしっかりしていることが多く、自然と共同体生活のスタイルが発生し、発展してくる。現在では、東京の大塚地区がそれである。いずれは、学校、病院なども整えば、イスラーム街のような格好になってゆく可能性はある。食事は日々の話なので、すでに全国的にもムスリム用の食材店や食堂が広まりつつある。大学構内などでも、わざわざムスリム・サンドイッチなどが売られて、普通の学生の選択肢に入っているようだ。あるいは、ウイグル人などによるムスリム用ラーメン店も出てきている。

こうしてムスリム人口が増える要因はいろいろある。結婚すれば、配偶者もムスリムとなり、その子弟も同様となると、実際のところ鼠算式となるのだ。逆にその歩留まりを予測すると、キリスト教徒が現在約一〇〇万人といわれているが、そのあたりまでは伸びる可能性があるのであろうか。容易ではないにしても、土葬のための墓地確保を除いては、そうなるための特段の障害は見当たらないのである。

歴史的に日本にイスラームが入ってきたのは、二〇世紀に入ってからであった。一九〇八年に初めての日本人巡礼者が出たが、それ以降、一九五〇年代までは実に限られた数であった。軍部がイスラーム地域の情報を欲しがっていて、日本人ムスリムなどを利用した面もあった。さかのぼれば、モンゴル軍の元寇の際の水先案内人は馬《マー》という姓を持つ人で、それはムスリム名のムハンマドのムを漢字で表記したものであったともされる。だから歴史は古いとも言えるが、江戸時代の鎖国政策によりイスラームの北限はフィリピン諸島に留まることとなった。それがなければ、キリスト教と同様か貿易という経済活動の波に乗って、イスラームは順当に日本上陸となっていたことと思われる。ムスリムの貿易商は早くより中国の沿岸地域には進出してきており、唐時代以来、西安にはムスリム街も形成していたし、当時の墓碑も残されているようだ。いずれにしてもイスラームが日本に入らなかったのには、鎖国政策といった大きな歴史的原因があったということである。

今後日本でイスラームが広まるにしても、それはイスラームの信者数が世界の増加率ほどに増大することは必ずしも意味しないだろう。世界的に見ると、一九九〇年から二〇年間で、その数は一・五倍近く増えたそうだ。[47]類推でしかないが、日本のキリスト教系の教育を受けた人の累計数は約一〇〇〇万人だが、そのうち熱心な信者と見なされるのは、現在一〇％の約一〇〇万人に過ぎないのである。大半は信仰とは縁切れとなっている。イスラームもそれと基本的に異なる理由は、あまりなさそうだ。特に、先祖崇拝を許容しない点が布教のネックとされるが、そうであればイスラームも完全にキリスト教と同じ運命である。

　例えば一般に結婚式などで、信仰と関係ないがスタイルとして教会が選ばれることに違和感はないと見られる。同様に、イスラームもスタイルとして選択的に日本人の生活に浸透する側面はあるだろう。ラマダーン月中の集団会食は毎年総理主催でイスラーム関係者や外交団を官邸に招待して実施されているくらいである。そのように食事の形式や食材などの他、女性の頭巾や服装も真似されることがあっても不思議はない。要するに、良いとこ取りや、気に入った物事のつまみ食いは日本人の得意とするところである。

イ・文明は？

日本の「文明は？」というのは、イスラーム側としての質問である。日本語で「文明」というと、少し大言壮語であり、必ずしもあまり響きはよくない。しかしアラビア語では「文明」はハダーラであり定住生活を意味し、それは砂漠生活のバダーワと対比されるものである。だからハダーラはいまだに生活実感を伴った用語として、響きも親密なもので特に悪くないということになる。いずれにしてもここでの設問に向かい合うとすれば、どのような事柄がイスラームによって日本にもたらされる可能性があるというのであろうか。以下には、そのようなポイントを幾つか提示することとしたい。

①宗教の覚醒や刺激

イスラームは日本の宗教的覚醒とまで行かなくても、それなりに少なくとも何らかの刺激を与える効果はあるだろう。極めて限定的ではあってても、イスラームは世界最大の宗教になる勢いであるので、それが日本でも影響を持ち話題となるのは自然であり、また日本社会の更新や国際化に役立つこととなる。

さらには、日本では宗教に関して話し合う機会は僅少であるが、何がしかそのような機会提供になることは間違いない。日本人が宗教に関して話をしないのは、大半の場合、宗教が家族の宗教、あるいは村などの共同体の宗教であるからだ。つまり個人の問題ではなかったからである。しかしそれを話すことは、本来人間としての素養であるとすれば、必要なことだということにもなる。ちなみにラマダーン月のために、小学生でも断食する児童はいるので、そのような学校ではムスリム児童のために、昼食時は別室を設けて時間を過ごさせるようにしているとの話もある。学友たちは幼い頃より、文化の多様性を自分の身をもって知ることとなり、いわば国際感覚を養う機会ともなる。

ただし一般に日本人は他宗教に対して、特に寛容である証左も報告されていない。もちろん外国人への親切心や、一般的な低姿勢と表面的な丁重さは残されるだろう。特に伝統的な儀礼が絡んでくると、急に保守性が目立つことになるのが、日本の習性のようである。いずれにしてもそのような制約と限界内で、日本でもイスラームは軟着陸を進めることとなるのであろう。

②思考パターンへの影響

キリスト教の博愛の用語や概念は、それなりに日本文化の中に定着したと見られる。そのような程度に、イスラームのさまざまな概念や思考様式が浸透する可能性はある。それにもいくつか可能性が挙げられる。

第一には、縁起による因果関係と仏教的な絶対無の人生観や世界観とは別の感覚を味わうということである。それは、存在は創造により設けられたものであり、創造主はいわば絶対有であるという感覚である。初めと終わりがあるという観念である。創造にはその対極として、終末が準備されているのも当然である。さらにそのような観念により、情緒性よりは論理性を尊び、協調性よりは個性を強調する傾きを認めることになるかも知れない。それは新しい日本人である。

次に最後に挙げたいポイントは、かなり抽象性が高くなる。それは、正反合という三段論法は近代科学の基本的な思考パターンであり、それは哲学的には弁証法として知られることとなったのは周知の所である。ところがイスラームの基調はそうではなく、すでに近代社会では破棄されたような、繰り返しが基本となる論法なのである。

繰り返し論法により、アッラーの支配が説かれ、現世と来世が描写されているのが、クルアーンである。もちろん単純な同一文章ではなく、少しずつグラデーションで違いが表現されている。その微妙に変化するところを味わい、楽しむのである。それが一番説得力を発揮することともなる。それがアラブ音楽の美であるとともに、日本の演歌でも見られる現象である。すなわち、繰り返し論法は日本固有の調子でもあったのだ。それが近代化過程において、破棄されてきたということなのであろう。

著者は学生の頃、エジプトのナセル大統領らの長広舌を調べたことがある。数時間の演説の中で同じ言葉であり同一内容が幾度となく、トーンを変えつつ繰り返される言語現象を確かめたのであった。それはリビアのカッダーフィー大佐も同様であった。しかしその度毎に、聞いている民衆の興奮は増してゆくのである。そして数時間の長広舌にならないと、納得して聞いた気がしないということになるのである。

いきなり今から日本で繰り返し論法を重視すると言ってもかなり難し

いし、必ずしも生産的でない。しかし同時にそれは、日本における精神生活の枠組みを拡張することは間違いないし、それだけ豊かな文化を享受することを可能にしてくれるということでもある。少なくとも、そのような意識の下で、イスラームを、そして他文化を眺め直す意味があるということになる。合理主義一本の近代主義に疲れているとすれば、それを癒してくれる源泉となるかも知れない。そしてクルアーンを読み、多くの中東文学、そして我が国であっても源氏物語的な悠長な展開の物語を楽しむために、心の準備をしてくれることが期待される。

註

46　日本の倫理道徳の源泉を歴史の中に見出して、著者はアラビア語の小冊子で説明を試みた。拙著『アルアフラーク・フィー・アルヤーバーン・ワ・アルイスラーム（日本の道徳とイスラーム）』ベイルート、ダール・アルクトクブ・アルイルミーヤ社、二〇二〇年。

47　"The Future of the Global Muslim Population". Pew Research. Retrieved 16 April 2014. https://en.wikipedia.org/wiki/Growth_of_religion#Modern_growth　二〇二一年三月三〇日検索。

第六章　宗教信仰復興の二つの課題

「祈りは人の半分」ということが十分社会的に認知されないままに時間が過ぎている。しかし山あり谷ありの八〇年に渉る長い「戦後」時代も、ようやく転機を迎えつつある。「戦後」は戦前への猛省が出発点となったように、これからの指針は自然とこの「戦後」時代への猛省が基点となる。その中で宗教の占める位置と果たす役割はどう考えるべきなのであろうか。

（一）宗教の低調さの主要原因

日本は無宗教であると、しばしば言われて久しい。外国の入国カードに宗教欄があり、何と書くか戸惑う人が大半であるほどに、宗教への意識も薄くなった。他方、戦後も幾多の宗教諸派が新たに興されてきたし、癒しを求める動きも少なくないので、いわば魂があちらこちらと徘徊し、蠢いていることが実感される。

宗教信仰の低調さの原因としては、三点挙げられる。

第一は、戦前の軍国主義に諸宗教が協力してしまったということである。「神や仏に随分仕えてきたのに、何もしてくれなかった。」という失望感や、嫌悪感が全国に広まった。それには多数の若者を前線に送らねばならなかった遺族の実感も背景にあった。

第二は、国策への協力は国家権力による強制の面が強く、政治と宗教は別だとの感覚も国民全体の実感となっていた。そこへ占領軍の政教分離政策が、徹底して実施された。その頂点は、憲法による公立学校における宗教教育の禁止と、公費の宗教活動への支出禁止である。この新政策を日本国民は、ほとんど抵抗なく受け入れた。そこで宗教はただ学校教育や公的補助金の分野で活動停止しただけではなく、社会的な疎外を受けるほどになっても反発は見せなかった。心の弱い人が信仰するとも言われるようになった。

以上の二点は、よく論じられてきたことであり、これ以上の詳述はここでは不要かと思われる。第三点は、それほどには指摘されていない側面である。

それはあまりに社会的な疎外にあって、宗教界はすっかり意気消沈し、委縮してしまったということである。確かに平和運動に参加するし、例えば二〇一五年の集団的自衛権を是認する安保諸法制については反対、ないしは慎重論を浮上させたケースはあった。しかしそれは珍しい事例として注目された。一般的には政治社会の動向に対しては、静かにやり過ごすのが穏当な対応と思われているようだ。そして冠婚葬祭などの儀礼に、粛々と従事するのが宗教人のあり方のようにさえ見られるようになった。しかしそれは、政教分離の行きすぎた裏面であり、宗教関係者までが社会・政治参画を自粛することは憲法上も求められていないのである。やはり国民的な反発の感情を忖度してのことであろう。諸宗教は自信を失ったとも言えそうだ。

以上戦後日本の宗教離れの原因について触れたが、当然近現代社会の発展の基盤である科学が宗教と対立的な立場をとることが多かったという、世界的な状況も看過すべきではない。戦後社会とは、その中での日本の特殊事情である。いわばそれは世界基準を遥かに超えた速度と深度で、経済復興に特化して進むこととなったのであった。

(二)「戦後」の前半と後半

ア・前半の世相

「戦後」の八〇年という長い時間の全体は、宗教離れの一言で特徴づけられるとしても、その前半と後半ではかなり世相は異なったものであった。前半は拡大期であり、後半は縮小期と言える。その状況を特に若い人のために、ここで改めてはっきりさせておこう。ただし「戦後」の変動に関する社会科学的な書き物は市場に溢れているので、ここでは非常にミクロな観点として、著者個人の回顧から始めることとしたい。私的なタッチは、それなりに読む方にとっても、身近で理解しやすい面があるのではないかと期待する。

著者の生年は「戦後」の昭和二三年であるので、戦前は未経験である。しかし敗戦後三年目という当時は、まだまだ戦時中の傷跡が町中に満ちていた。生まれは京都の西陣なので、子供の頃より神社仏閣に遊ぶことも多く、例えば近くの北野天満宮もその中の一つであった。そこは菅原道真公で有名な神社で、今も市内の観光スポットである。縁日にお参りに行くと、参道には戦地から復員した傷痍軍人たちが、寄付金集めのために大勢いた。小さな箱を胸にして、参拝客を取り囲むように列をなしているので、何か恐ろしい印象だった。またそれと同時にその様は、戦争の悲惨さを子供心にも十分伝えるものがあった。

この寸描が伝えようとしていることは、要するにまだまだ社会全体は戦時中の延長という調子であったということである。だから日々の世相により、そのまま戦争、敗戦、戦後という時代の変遷を身近に感じさせられる生活であった。小学校では「日本は、これからは民主主義の国になるのです、そしてスイスのような平和な国になるのです。」と先生が教壇から説いていたことを鮮明に記憶している。毎日の給食も脱脂粉乳という粉ミルクを溶かしたものと乾パンであった。学校でご飯やコロッケが出るようになったのは、小学校高学年になってからであった。配給の米では明らかに不十分だったが、違法行為を自らに厳しく戒めていた裁判官が餓死したという悲惨なニュースも流され、子供心に寒いものが走った。

街中では保健衛生がまだまだ良くなくて、疫病予防のために市内を低空飛行で薬を撒くセスナ機が飛び交う音も耳に残っている。今なら農薬DDTの市中散布など、口にするのもとんでもないことだろうが、そのような強硬策も問答無用とばかり強行される時代なのであった。しかしそれも空襲の爆音よりはまだましだと、多くの人は受け止めていたのかもしれない。

以上の実体験を通したものは、小さな窓から見た「戦後」の様子である、国や社会全体の観点から言えば、多くの記録や文献にあるように多様な変革が物語られている。その大半は、軍事占領をしている連合国軍総司令部GHQからの指令によるものであった。ただし民主化への流れは大正時代からあったので、それが底流となってGHQが要求する新時代への身代わりが順調であった面も否定はできないようだ。そして何よりも、軍国主義から平和主義への大転換こそは、全国民上げての総意であり熱望するところであった。

詳述はもちろんここでは論外であるが、多岐に渉る大変革の諸側面として次のようなものが挙げられる。軍国主義とそれを支えた日本システムの解体としては、現人神であった天皇の人間宣言がまずあり、国家神道、軍隊、独占的な巨大財閥、大土地所有制などの解体と、それに続く農地改革があった。そして民主主義の導入、教育改革などが同時進行していった。

その中で日本人論や日本文化論争も非常に盛んになっていた。その背景は、やはり大きな猛省ということである。日本人の心はまだ封建的ではないか、あるいは内と外の意識が強すぎるのではないか、といったような論点もあった。また日本文化の基底は恥意識であるが、欧米のそれは原罪意識であるといった占領政策のために実施された米国の文化人類学者の分析もてはやされたのであった。こうしてアジア諸地域への軍事侵略を犯した戦前の大きな責任は、知識人や文化人にもあったという猛省が、彼らを突き動かした。

以上の変貌は大文化革命でもあったのは当然である。それは明治維新と同等の規模と震度と言えるだろう。そしてそれら両者に共通していたのは、新時代へのすがすがしい気運である。それは小学生の間にも強いものがあった。国全体では相当焦りの気持ちもあるが、一人一人が何とかしなければならないという決意を固めていたのであった。

イ．「戦後」の後半

平和と繁栄は、国民一体となれる目標であり、それはほとんど何も議論を必要としなかった。しゃにむに働くしかなかった。そうして一九六四年には東京オリンピックを成功裏に開催することができて、所得倍増計画も実現され、やがて気が付くとその経済力は世界第二位に上り詰めることとなっていた。終戦まもなくは世界銀行の融資を受けた日本であったが、今やその政府開発援助ＯＤＡは世界最大にもなった。

世界の面積の〇・二五％しかない国土と世界人口の三％（当時五〇億人とする）という自力によって達成したのであるから、それは真に短時間で実現できた奇跡に近かった。食料に困って配給制度に頼っていたのが、今や多くの途上国に支援する立場となった。日本製品は壊れやすい安物から、世界最高水準の技術の象徴ともなった。このような夢の実現は、一九七〇年代に襲った石油危機も省エネルギーの努力により乗り越えることを可能とした。それほどまでに日本社会と経済は、強靭性を発揮することができたのであった。それは日本人の誇りともなった。

ところが山を登るのに比較すると転げ落ちるのは、容易であり早かった。大きな曲がり角は、一九九〇年当初に到来した。まずは膨れ上がる期待値は過剰な投資を招き、実需を伴わないバブル現象を引き起こしたが、それがもろくも崩壊したのである。膨らませすぎた風船が突然破裂した。経済と社会全体は大きな転換を強いられた。過剰の融資を続けることを許していた大蔵省は解体され、財務省と金融庁に二分された。社会の風潮は萎縮して、いわゆるデフレの時代が続くこととなった。初めは成長の夢をもう一度と願う人も多かったが、やがてそのような夢想は諦めることとなっていった。

という次第で、「戦後」時代は焼け野原から米国に次ぐ世界第二位の経済大国となった成功物語であった。しかしその前半に次いでは、膨れ上がった期待値と過剰投資によるバブルがはじけて、長期デフレの局面に入ってしまった。そして社会の勢いもそれ行けどんどんという時代から、足元を見直して、身の丈に正直な人生観がもてはやされる時代へと推移した。米国を買い占めるかという勢いのあった日本の大企業にも、縮み思考が珍しくなくなった。そこへ襲ったのが、大津波と原発の瓦解であり、新型コロナウイルス対策の問題である。これで一気に「戦後」前半の夢をもう一度といった幻想を持つ人もいなくなり、ますます足元を見直しつつ自らの将来像を模索し始めている段階に入っている。そして前半期には現世利益を目指した宗派の繚乱が目立ったが、この後半期にはいわば魂の徘徊が取り沙汰されることが増えて、過激な宗派や既成宗教に頼らず自らの安寧を模索する霊性（スピリチュアリティ）の重視も盛んになった。

（三）負の遺産と第一の課題

山登りを経て谷底へと下ってきた長い八〇年に渉る、「戦後」時代を振り返ってみた。そしてそれを猛省してみると、二つの課題が浮き彫りになる。

ア・宗教アレルギー

振り返ると、明治維新の時には廃仏毀釈という、反仏教の運動が起こされた。それは新たな国民統合の支柱として、神道にその思想上の役割を担わせるために、それまで徳川幕府に重用されてきた仏教を抑圧しようとするものであった。多数の寺院や仏跡が襲撃された。貴重な仏像なども、野原の雨風にさらされることとなった。そこでそれまでに何世紀とまんじりともせずに表舞台への好機を待っていた神道が、ここぞとばかり国家神道の道を辿ることとなった。

こうした中、日本の軍国主義政策は破綻をきたして、すべてがゼロの振出しに戻ることとなった。ただし宗教はゼロの振出しというよりは、遥かそれ以前のマイナスの地点に立ち戻ることとなった。なぜならば、「仏も神も助けてくれなかった」という実感が広く強く国民間にはびこっていたからである。要するにもうたくさんだという、宗教に対するアレルギー現象が大きく表面化することとなった。

アレルギー症状ということは、社会の各方面での宗教の疎外化にも繋がった。それは宗教信仰を持つ人は、心が弱いか病んでいる人だという感覚である。差別的な視線を浴びせてもおかしくなく、今で言うとLGBT（レズビアン＝女性同性愛者、ゲイ＝男性同性愛者、バイセクシュアル＝両性愛者、トランスジェンダー＝性別越境者）の人たちに向けられがちな冷たい視線に似ていると言えばわかりやすいのかもしれない。このような症状が、全国を覆っていたのである。

それに対して国民文化として横溢したのは、物欲の横行と偏重、道徳の衰え、自殺の多発などがあった。総じていえば明治維新は欧州を目標としたが、「戦後」は米国を目標とした。経済復興の旗振りの下で追いつき追い越せのシナリオを、明治維新よりも急速に実行する羽目になったのだ。軍人や兵隊は、企業戦士として生まれ変わることとなった。

宗教に関する政策的な措置としては、まず制度的に政教分離の徹底が図られた。公立学校での宗教教育の禁止、宗教活動への公費の支出禁止などが憲法にも盛り込まれた。この方針はもちろんGHQ主導で推進されたことは他の諸分野と同じであったが、異なっていたのは、相当程度に宗教に対してはすでに国民的な反発、忌避、嫌悪感が先行していたという事実であった。この宗教アレルギーの下で、政教分離はほとんど国民的な異論もなく、むしろ当然であり新生日本の自然なあり方として受け止められたものでもあった。大日本帝国陸海軍の解体と同列の話とも言えよう。

「戦後」を通じて宗教信仰が低空飛行を続けたことは、日本人に精神面の悩みがなく、また精神の迷走を食い止めたいという、人間として自然な要求が薄かったというわけではなかった。多くの宗派の活動は存続したし、特に七〇年代以降の成長疲れがさまざまな新しい宗教的余波を及ぼした。新宗教、あるいは新・新宗教とも形容された多様な教派――多くは仏教系か神道系であるが、より予言的で霊能的――が、雨後の竹の子のように出現した。従来の救済宗教と生産効率だけの合理主義の間を縫うように、もっと個人の立場からの魂の落ち着きどころを探る兆候もしきりに観察された。それは総称として、新霊性文化とも呼ばれた。国内の巡礼が一時は流行したこともあった。だがそれらは、二一世紀に入った今日、いずれも日本を覆う勢いを示しているわけではない。

疎外された立場からは、広く大衆を惹きつける運動は期待しがたいものだ。どうしても肩身が狭い感覚に縛られるからだ。アレルギーの状況が、「戦後」の日本の諸宗教を覆う国民文化の基調となっているということなのであろう。

イ・人間復興と祈り

「戦後」時代の一つの大きな負の遺産が、宗教アレルギーであることはこれ以上論じる必要はないだろう。その症状の一端は、八〇年後に「戦後」の起伏が一巡してからの方向性喪失ともなっている。その間、人心の動揺と確たる信条や道徳観の喪失が指摘され、すさんだ事件が目立つ自殺多発国となった。他方相次ぐ天災や原発事故は、慰霊・追悼の意味、祭りの力、宗教施設や宗教者の意義に目を開かせることとなった。またそれは命の尊厳に光を当てると共に、人の力と近代科学文明の限界を示し、新たに心の癒しの問題に関心が集まることとなった。

宗教信仰は人間の持つ生来の半面でもある。祈らない人はいないのだ。

この半面が素直にもっと育成され涵養される教育と社会のあり方が求められているとも言える。それは人間復興でもある。しかし長年月に渉り疎遠にしてきた影響もあり、この問題はほとんど組織的には正面から取り組まれていないのが実情ではないだろうか。

そこで宗教信仰復興に期待することとなるのだ。困った時の神頼みも別に悪くはないが、それにしても困ったときには頼るべき存在が維持されているからこそ、できる技ということになる。だから何も困る時を待つことなく、恒常的に祈りを正面から人々の日常に組み込めないものだろうか。それは信教の如何を問う話ではなく、宗派間を越えたアプローチである。それは黙禱と呼んでもいい。

祈りをあげる習慣がもっと社会の前面に出されるようになれば、時間単位の生産効率は下がるかも知れない。しかし労働する人間の意欲や共同の精神は高まっているはずだ。またどこであれ必要とされる人間的な配慮を、いつも心放さずいるという、人として当然の心構えもより整ったものになっているだろう。どちらが好ましいのかは、あまり議論をしても始まらない。総合的な考慮と長期的な視野の問われている問題である。

祈りの方法はあまり問題ではない。究極のところ、心の中の整理の問題だからだ。また現世利益的な実現直結型の祈りは、本来ではない。祈るという心の傾きこそが祈りの狙いだからであり、結果にはあまり縛られるものではないからだ。

どれほどこの信仰の世界、信心の様子が、自由で平等で安寧に満ちたものかについては、本書第二章の「信仰心蘇生のために」開陳し説明している。今ここでは、それは何事にも代えがたい、下手な比喩を許さないほどに、貴重で希少な天性の心の飛躍であるとでも表現しておくことにしよう。

また人間復興の必要性と宗教信仰が連動していることを認めるとしても、それでも科学の優先性を信じる人は少なくないだろう。もちろん科学と宗教の関係を全面的に取り上げるのは、本論の枠組みを超える。しかし一言触れるならば、第一章でも取りあげたスティーブン・ホーキングの一事例であろう。彼は「創造や進化に関して、神は必要ない」と言ったとして不敬の非難を浴びたが、結局「…証明されるなら、」という仮定の上での発言であったとして、ローマ法王と和解したというのは前述の通りである。

祈りは自由の世界だとはいっても、やはり教育によりその手順や中身が充実される方が良いことは間違いない。そこで家庭であるか、宗教施設であるかは別として、宗教も教育の対象として取り上げられるのが望ましいということになる。その究極は学校教育に組み込まれることであるが、それは現在日本では、憲法が禁じるところとなっているのである。

（四）負の遺産と第二の課題

ア・不徹底な社会改革

「戦後」時代の前半期は貧しいながらも、向上心に溢れたすがすがしさがあった。国民全体に生きがいなどは、あまり問題にされなかった。そうでなくなったのが、後半期の特色と言えよう。これでは何とも非分析的な表現だとの誹《そし》りを免れない恐れがないではないが、そのような直感的表現こそが、短い中に本質を言い当てていると考えられる。そして現在は不透明で何を頑張っていいのかはっきりしない、長いトンネルを抜けようとする転換期にあるのだという、時代認識を得ることともなる。

幸いにも高度成長を達成できたが、その後は何が国民的な目標なのか、羅針盤がないという新局面に突入することになった。太平洋戦争を食い止められなかった一端の責任は有識者にあったと猛省していたはずの人たち自身は、その半世紀後、国民を食べさせることが実現したのだから、その次は何を目指すべきかと議論を始めていた。しかし結局彼らは、開戦を阻止できなかったばかりか、明確な次の方向を提示することにも失敗したということになる。

さらにその直後に襲ったのが一九九〇年以降のバブル経済の崩壊とその深刻な後遺症であった。それは高度成長と表裏一体の面も多かったという意味では不可避なものであったし、また経済史上、バブル現象は世界でも決して例外的で珍しいものではなかった。しかし日本経済にとっては、ただただ驚きと悔やみの日々を迎えることとなった。

これで日本は平和と民主を掲げた諸改革よりは、日銭稼ぎに忙殺される身分となった。そして諸改革の多くは、遺憾ながら道半ばで途中下車となった。経済復興が一応達成されたという大きな事実は残っているので、政治社会改革の方面も一応達成されたという漠然とした誤解も広く持たれたままで時間が過ぎることとなった。しかし選挙というと金銭が飛び交い、人権や民意の尊重という基本的な課題もまだまだ旧態然とした側面を残している。頻繁に聞かれる国会などを中心とした説明不足の叫びも、このような社会の公明正大化の不徹底さがなせる業である。

さらに一例は、新設の自衛隊に対するシヴィリアン・コントロールの徹底など、軍の制度改革は衆目にもさらされやすく、当然避けて通れない分野であった。しかし日々の諸問題を扱い、社会に近い存在の警察や検察に対する制度改革はどうしても後手に回されてきた。小さな変更でも市民への影響が直接的となり、果断な変革が難しい面があるからだろう。圧倒的な検察優位の捜査システムは、戦前の特別高等警察やさらに言えば、江戸時代以来の岡っ引きの名残も多分にあるのではないか。取調室には弁護士の同席は許されないし、検察側は裁判以前から捜査内容をメディアに流して、世論を捜査側に有利に誘導することなどが、日常茶飯に行われている。それに向かう、対抗力は被疑者には一切与えられていない。融通無碍な拘留制度も、国内外の世論によって長短が操作される。カルロス・ゴーン元日産会長のレバノンへの逃亡劇は誰が見ても違法であることは間違いない。しかし彼が日本の人権軽視の旧態然たる検察手法を逃れたという意味では、何がしかの同情の声も寄せられたのは、不当ではないということになる。

バブル崩壊後の日本社会は、アガサ・クリスティーの推理小説『オリエンタル急行』を思い起こさせるものがある。乗客全員の役割は異なっていても、同一事案の共謀犯になっているとも表現できる。もちろん日本全体では善意の人も多いし、ほとんどは無辜の市民による日々努力の積み重ねであることは間違いない。そこに倫理道徳的な問題があるわけではない。しかしその日々の営みが、無意識な共同の箱舟となっているということである。外圧の下でしか国内改革に合意しにくいという国民性も変わらない。国民全体が同じ運命共同体で、同じレールを走っている。日本固有の同調圧力も相変わらず根強く働いている。

再度の徹底した社会改革への挑戦の呼び声は聞かれない。道半ばで途中下車してしまった改革は風前の灯火か、あるいはすでにその灯は消え失せてしまったのかもしれない。現時点で、経済の復調だけではなく、社会改革が不徹底に終わっている「戦後」を猛省の対象にすべしと言わなければならない。それ自身が次の指針であり方向性だと位置づけることもできる。

イ・社会改革への参画

自由と民主という旗振りの下で一応八〇年間が貫き通されたのは、大変に慶賀すべきことであった。それに伴い、人権の意識は相当定着しており、それが日々の生活にも生かされるまでに成長したと思われる。その大きな成果は、特に表舞台に登場する政治経済の制度や、社会の主要動向である報道、教育内容などでは顕著である。

このように言う時にすでに明らかだが、それらから落ちこぼれた多くの手つかずの諸側面があるということを示唆している。役所が市民に冷たいという苦情は長く続き、その改善は非常に進んだが、その後多数の外国人の移住が進み、そういった外国籍者への扱いはどうか、総じて社会的な弱者に対する態度はどうかなど、見落とされた面も多い。また司法制度における、市民と公権力側の公平さはどうかについては、すでに前述した。こうした具体的な諸事例は、枚挙すれば暇はないということになる。

くどいようだが萎縮する世相の中で、積み残しとなった諸課題が多数あることを、改めて付言しておきたい。それらはバラバラの形で取り上げられがちであり、全体像が提示されるシステムが存在しないだけに、一般の意識も後ずさりしがちなのである。順不同ではあるが、教育改革（討論やスピーチの民主主義向け学科）、男女差別、社会的な弱者・無権利者・権利執行困難者などの救済（ホームレス、失業者、困窮者、被災者、病弱者、外国人、刑期満了の出所者など）、新たな権利の確立による救済（ハンセン病患者、被疑者の扱いなど）等々枚挙に暇がない。

そこでそのような社会改革の前進に対する宗教の立場はどうであるかが、本論の取り上げるべき問題である。もちろん個々具体的な働きかけと手を取りながらではあるが、宗教では総括的な発想からの発言や活動が期待されるだろう。それは時に道徳的で抽象的な声となるだろうが、そういう全般的な精神界の判断と指針を鮮明にするところに宗教の一つの働きがある。誠実さ、正義、慈悲、忍耐、寛容さ、感謝などの徳目が重視される。弱者救済や権力の横暴への抵抗運動は、歴史的に見ても宗教が力を発揮してきた分野であった。

このような宗教の社会的機能は、アレルギーの症状ですっかり忘れ去られているかのようである。確かに二〇一四年の安保法案決定の時には、国民的な抗議運動に加わり、多数の宗教団体から同法制反対の意思表明がなされたことはあった。しかしそれが珍しく映ったほどに稀なことであり、通常は腰を低くして矢面に立たないのがよく見られる姿勢である。これこそは社会の反発を避けつつ生き延びる術であり、それはアレルギー症状のもたらしているものである。本来は人間の半面である精神界を受け持つという誇りと責任感に満ちていておかしくないはずなのに……。

今日現在の風潮としては一層の改革よりは、日本の「民度」の高さ、個人よりは集団的価値の重視、「日本人は論理的でなくて良い」といったように、日本民族特殊論の視点から復古調が出回り始めている。中座してしまった改革をさらに推し進めるために自らに対して鞭を打つのではなく、途中下車した地点から何食わぬ顔をして再出発しようというのだ。歴史の展開としてはそのような選択肢もあるのかな、といった感覚を持たせられる。そして、これも転換期の一兆候である。

ところがまさしくこの時点で、一層柔軟な議論と当初に顕在であった公明正大さ志向の精神を忘れずに、自らに厳しい選択が望まれる。宗教は、人はいかに生きるべきかの指針を出している以上、具体的な問題の名称は何であれ、政治社会的な諸課題に口を閉ざすべきいわれはない。また社会参画をすることとは、宗教信仰復興そのものに対しても大いに刺激となり、宗教信仰本来の姿を取り戻させてくれるものがあるはずだ。

（五）宗教と憲法改正

相変わらず根強い宗教アレルギーの他に現在の宗教状況の根幹を規定

しているのは、現行憲法の政教分離条項である。本論で取り上げる趣旨は、一気にその改正の実現を図るというものでないことは、課題の大きさに鑑みてほとんど自明である。ここの意図は、論点の簡潔な整理とあり得る将来の可能性の示唆ということである。ただしそれを遠大なものとしてではあっても、宗教の社会参画の流れの中で明確に意識し、目標として掲げておく意義は大きいと考えられる。

＊問題点：主たる争点は、宗教に関する教育のあり方及び宗教に関する財政措置という二点に絞られるだろう。ただしその背景としては、次の理解が必要である。宗教には個人的な側面と社会的な側面とがあるが、それらは時に重複し交錯する。一方個人的とはいっても、芸術同様に宗教が持つ情操涵養の側面は万人に対するものであり、それは人類的とも言えよう。またそれは実証主義に基づく近代主義とは相容れない直観による面が強いものでもあるが、人間の持つ本性からして芸術同様否定さ

れえない。このような特性を踏まえた上での議論が必要である。

＊教育面

現行憲法第二〇条には、次のようにある。

「第一項　信教の自由は、何人に対してもこれを保障する。いかなる宗教団体も、国から特権を受け、又は政治上の権力を行使してはならない。

第二項　何人も、宗教上の行為、祝典、儀式又は行事に参加することを強制されない。第三項　国及びその機関は、宗教教育その他いかなる宗教的活動もしてはならない。」

「宗教に関する寛容の態度、宗教に関する一般的な教養及び宗教の社会生活における地位は、教育上尊重されなければならない。」（教育基本法第一五条）というこの規定振りはそのまま生かされる。しかし同法原案（昭和二一年）にあった、「宗教的情操の涵養は、教育上これを尊重しなければならない。」を生かして、右の教育基本法第一五条は「一般的な教養や宗教的な情操」とすべきである。[48] 宗教は前述のように人の本性から出て来るものだとの理解より、芸術教育と少なくとも同列に扱うべき性格であるからだ。そこで以上の筋書きを憲法上も反映すべきである。

具体的には、憲法第二〇条第四項として、「宗教に関する寛容の態度、宗教に関する一般的な教養や宗教的な情操及び宗教の社会生活における地位は、教育上尊重されなければならない。」と新たに追記する。

＊財政措置

宗教系私立学校への公金支出や宗教法人の減免税措置が課題となる。宗教教育に対する姿勢が改められれば、自ずと宗教諸学校への補助金に対する基本姿勢にも前向きな変更が期待される。なぜならば公金による補助は、一般的な宗教教育の支持に他ならないからである。しかしそれは特定の宗派宗教を対象とするものでありえないのは言うまでもない。

具体的には、憲法第八九条「公金その他の公の財産は、宗教上の組織若しくは団体の使用、便益若しくは維持のため、又は公の支配に属しない慈善、教育若しくは博愛の事業に対し、これを支出し、又はその利用に供してはならない。」の改訂が課題となる。

同様に、公益性の高い法人の活動を支持するところより来る減免税に関する特別措置はすでに実施されているので、改憲との関連性は今のところない。

＊その他

以上のほかに公民館などの使用を宗教法人には認めないことなども、如上の改憲がなれば自ずと改善されうる。そのような改善措置は狭い意味の学校教育ではないが、現状認められている公道での祭りを承認する場合と実質差がないという認識に至れるかどうかである。一般には宗教の持つ社会的な儀礼、情操涵養、文化の多様性と寛容性の育成などの効果を目途とし、日本における一段と高いレベルの社会常識の定着が前提となるであろう。

註

48　教育基本法原案等詳細は、杉原誠四郎『理想の政教分離基底と憲法改正』自由社、二〇一五年。

おわりに

日本人は宗教的に見て、特殊である理由はない。世界何十億の人類の中でも、他と共有される側面の方が多い、普通の国民である。しかし戦後という時期を見ると、その事情は別だということになる。それほどに宗教信仰が社会全体から疎外され、宗教自体がその在りどころを失っている。背景としては、やはり戦前の軍国主義に宗教が利用されたという特殊な時代があり、その狂気が裏目に出ることで、宗教アレルギーが浸透してしまったということだ。

しかしこのようなアンバランスさは、早晩克服されなければならない。人の自然がそれを求めるという意味では、焦る必要はないのかもしれない。しかしすべてが手放しで修復される保証はない。再び別種の狂気の時代が来ないとも限らないからだ。オウム真理教はその走りであったかも知れない。この警戒心と自重の気持ちより、バランス回復と人間復興のためには、何としても大きな声をあげて、この特殊な時代の是正と超克を訴えるしかない。

本書執筆の動機と結論は、以上の問題意識以外は何もない。時折しも、重なる自然災害もあり、祈りに一層の役割を見出す風潮が見られるようになっている。また世相の乱れから道徳律の再興を願う声もよく聞かれる。しかし望まれるレベルには、まだまだ到達していない。腰が引けているのである。個々人の覚醒と努力に加えて、宗教側は何も遠慮することなく、社会、政治の諸課題に関しても、倫理道徳など固有の視点から正々堂々と論議を展開し、エネルギーを発散し、信条を発信させて然るべきなのである。このような自覚が広く一般の覚醒も伴いつつ、他ならぬ宗教人自身に強く求められているのである。それは祈りと信仰の具体的なかたちでの、蘇生と深化でもある。
『祈りは人の半分』という言い方は、アラブ・イスラーム文化の中ではなじみのある表現である。オスマン帝国の首都であったイスタンブールは、「世界の半分である」と豪語したし、同時期にペルシアではサファビー朝がその首都イスファハーンを称して、やはり「世界の半分だ」と主張していた。結婚することで破廉恥なことも防げるので、「結婚は宗教の半分だ」との預言者伝承も残されている。それほどに重要で不可欠だというための成句のようなものである。日本語ではまだ珍しいかと思われたので本書のタイトルとしたが、それにより祈りや宗教信仰の重みに十分の焦点が当てられることを期待したい。そして本書を通じて宗教信仰の本来の姿が日本でも再認識され、また多くの場面で実践もされる時が少しでも早く来ることを願いつつ、本書を閉じる。

水谷　周

付録　教皇フランシスコの「祈り」の講話

（二〇二一年四月十四日、教皇フランシスコはコロナ禍を経て再開された一般謁見をバチカン宮殿より中継で行った。それは祈りをテーマとした講話であった。以下は、「バチカン・ニュース」（https://www.vaticannews.va/ja/pope/news/2021-04/udienza-generale-catechesi-sulla-preghiera-20210414.html）からの抜粋である）

「教会は祈りの偉大な学び舎である」と教皇は述べ、両親や祖父母から初めて祈りを習い、やがて、様々な信仰の証し人や祈りの師との出会いを通して成長していく、こうした、多くの人々がたどる祈りと共にある成長の過程を見つめられた。……

信仰は、わたしたちの人生と共に、時には危機や復活を経ながら、成長していく。教皇は、その信仰を息づかせるものは祈りであり、祈りを学べば学ぶほど、人は信仰のうちに成長することができる、と話された。

人生を体験するうちに、「信仰がなければ乗り切れなかった」「祈りが自分の力になっていた」と気づくようになるが、それは自分個人の祈りだけでなく、わたしたちを見守り支えてくれた人々の祈りのおかげでもあったことを自覚するよう教皇は促された。

教会には、祈りのための様々な共同体やグループが生まれ続け、中には、祈りを自分の主な生活にするようにとの召し出しを感じる人々もいる、と教皇は述べ、修道院など、奉献生活者たちがいる場所は、霊的な光の源、深い祈りを分かち合うオアシスとなっている、と話された。

教会におけるすべては祈りの中に生まれ、すべては祈りのおかげで成長する、という教皇は、敵である悪霊が教会と戦おうとする時、最初にすることは、祈りを邪魔し、教会の力の源を干上がらせようとすることである、と述べた。

祈ることをやめると、最初のうちはいつもどおりに事が運ぶように思われるが、そのうちに、教会は空洞化し、支えを失い、愛や温かさの泉を涸らしてしまう、と教皇は語った。……

教皇は、「祈ること」と「祈りを教えること」を教会の課題の一つとして提示され、世代から世代へと、祈りの油をもって信仰のともし火を伝え続けることができるようにと願われた。

「この信仰のともし火がなければ、福音宣教の道を照らせず、奉仕するために寄り添う兄弟たちの顔を見ることができない」、「信仰がなければ、すべては崩れる。祈りがなければ、信仰の火は消える」と述べた教皇は、そのためにも「教会は交わりと祈りの学び舎でなくてはならない」と強調された。

◉本書の刊行に当たっては、一般社団法人日本宗教信仰復興会議からの出版助成を得た。

水谷　周（みずたに　まこと）
京都大学文学部卒、博士号取得（イスラーム思想史、ユタ大学）、（社）日本宗教信仰復興会議代表理事、日本ムスリム協会理事、現代イスラーム研究センター理事、日本アラビア語教育学会理事、国際宗教研究所顧問など。日本における宗教的覚醒とイスラームの深みと広さの啓発に努める。『イスラーム信仰叢書』全10巻、総編集・著作、国書刊行会（2010～12年）、『イスラーム信仰概論』明石書店（2016年）、『イスラームの善と悪』平凡社新書（2012年）、『イスラーム信仰とその基礎概念』晃洋書房、（2015年）、『イスラームの精神生活』日本サウディアラビア協会（2013年）、『イスラーム信仰とアッラー』知泉書館（2010年）、『クルアーン—やさしい和訳』監訳著、訳補完杉本恭一郎、国書刊行会（2019年）、『黄金期イスラームの徒然草』国書刊行会（2019年）、『現代イスラームの徒然草』国書刊行会（2020年）など。

鎌田　東二（かまた　とうじ）
1951年徳島県生れ。國學院大學大学院文学研究科博士課程神道学専攻博士課程単位取得退学。岡山大学大学院医歯学総合研究科社会環境生命科学専攻博士課程単位取得退学。京都大学名誉教授、上智大学大学院実践宗教学研究科特任教授。同大学グリーフケア研究所所員。博士（文学、筑波大学）。
著書に、『神界のフィールドワーク—霊学と民俗学の生成』ちくま学芸文庫（1999年）、『身体の宇宙誌』講談社学術文庫（1994年）、『宮沢賢治「銀河鉄道の夜」精読』岩波現代文庫（2001年）、『霊性の文学』『聖地感覚』角川ソフィア文庫（2020年、2013年）、『日本人は死んだらどこへ行くのか』PHP新書（2017年）、『現代神道論』『世直しの思想』春秋社（2011年、2016年）、『世阿弥—身心変容技法の思想』『言霊の思想』青土社（2016年、2017年）、『南方熊楠と宮沢賢治』平凡社新書（2020年）、『ケアの時代　「負の感情」とのつき合い方』淡交社（2021年）、編著『身心変容技法シリーズ』全3巻、日本能率協会マネジメントセンター、（2017～21年）など。

祈《いの》りは人《ひと》の半分《はんぶん》　　ISBN978-4-336-07237-5

令和3年9月10日　　初版第一刷刊行

著　者　水谷　周
　　　　鎌田　東二

発行者　佐藤今朝夫

発行所　株式会社　国書刊行会
〒174-0056　東京都板橋区志村1-13-15
電話03-5970-7421　FAX 03-5970-7427
e-mail: info@kokusho.co.jp　URL: https://www.kokusho.co.jp

落丁本・乱丁本はお取替え致します。　　印刷 ㈱エーヴィスシステムズ　製本 ㈱ブックアート